*Deus o ama como você é, mas se recusa
a deixá-lo desse jeito.
Ele quer que você seja...*

Simplesmente como Jesus

MAX LUCADO

Título original:
Just like Jesus

Copyright da obra original © 1998 by Max Lucado.
Edição original por Thomas Nelson Inc.. Todos os direitos reservados.
Copyright da tradução © Casa Publicadora das Assembleias de Deus, 2000.

As citações bíblicas foram extraídas da versão Almeida Revista e Corrigida, salvo indicação em contrário.

CIP-BRASIL. CATALOGAÇÃO-NA-FONTE
SINDICATO NACIONAL DOS EDITORES DE LIVROS, RJ

Lucado, Max, 1955-
  Simplesmente como Jesus/ Max Lucado; tradução de Carla Ribas de Souza e Degmar Ribas Júnior.
Rio de Janeiro: Thomas Nelson Brasil; Casa Publicadora das Assembleias de Deus, 2012.

  Tradução de: Just like Jesus
  ISBN: 978-85-7860-302-1

  1. Jesus Cristo – Personalidade e missão. 2. Vida religiosa. I. Título

CDD: 242
CDU: 27-31

Thomas Nelson Brasil é uma marca licenciada à Vida Melhor Editora S.A.
Todos os direitos reservados à Vida Melhor Editora S.A.
Rua da Quitanda, 86, sala 601A – Centro – 20091-005
Rio de Janeiro – RJ – Brasil
Tel.: (21) 3175-1030
www.thomasnelson.com.br

À equipe da Igreja de Cristo em Oak Hills

Porque Deus não é injusto para se esquecer da vossa obra e do trabalho da caridade que, para com o seu nome, mostrastes enquanto servistes aos santos e ainda servis.

Hebreus 6.10

SUMÁRIO

Caro Amigo   9

CAPÍTULO 1

Um Coração como o DEle   13

CAPÍTULO 2

Amando as Pessoas Ligadas a Você   25

Um coração perdoador

CAPÍTULO 3

O Toque de Deus   37

Um coração compassivo

CAPÍTULO 4

Ouvindo a Música de Deus   51

Um coração pronto a ouvir

CAPÍTULO 5

Guiado por uma Mão Invisível   69

Um coração inebriado da presença de Deus

CAPÍTULO 6

Um Rosto Transformado e um Par de Asas   85

Um coração faminto por adorar

Capítulo 7

Jogos de Golfe e Varas de Aipo 97
Um coração focalizado

Capítulo 8

Nada Mais que a Verdade 111
Um coração honesto

Capítulo 9

A Estufa da Mente 123
Um coração puro

Capítulo 10

Encontrando Ouro no Lixo 137
Um coração cheio de esperança

Capítulo 11

Quando o Céu se Alegra 153
Um coração regozijante

Capítulo 12

Terminando Firme 165
Um coração que resiste

Conclusão 177

Notas 187

Guia de Estudo 191

Caro Amigo

Meu escritório está diferente. Há alguns meses estas paredes eram brancas. Agora são verdes. Estas janelas tinham cortinas; hoje são protegidas por venezianas. Minha cadeira costumava ficar em cima de um tapete marrom, mas ele foi trocado por um branco. Sinceramente, a cor do carpete não me incomodava. Tampouco a cor da parede ou as cortinas. A meu ver, a sala parecia ótima.

Porém, minha esposa não era da mesma opinião. Denalyn adora redecorar. Ou melhor, ela precisa decorar. Ela não consegue deixar o interior de uma casa "imexível" tanto quanto um artista não consegue deixar de pintar uma tela ou um músico de executar uma canção.

Felizmente, ela se limita às nossas coisas. Ela não muda a mobília do quarto de hotel ou reorganiza a arrumação dos quadros na casa dos amigos. (Embora fique tentada.) Ela apenas reforma as nossas coisas. Para Denalyn, ter uma casa não é suficiente; ela precisa modificar a casa.

Quanto a mim, estou contente com minha casa. Meus gostos são, como diria, menos sofisticados. A meu ver, a poltrona e a geladeira não saem de moda. Comprar uma casa é a tarefa mais difícil para mim. Uma vez completa a transação e a casa comprada, estou pronto para me mudar e descansar.

Isso não se aplica a ela. Quando a tinta começa a secar, ela começa a mudar e rearrumar. Fico imaginando se ela não herdou essa característica de seu Pai, o Pai celestial. Observe que a forma como Denalyn vê a casa é igual à que Deus vê a vida.

Deus adora decorar. E Ele precisa decorar. Deixe que Ele habite tempo suficiente em um coração, e o mesmo começará a mudar. Retratos de dor serão substituídos por paisagens de graça. Muros de raiva serão demolidos e fundações vacilantes restauradas. Deus não consegue deixar uma vida sem transformação, assim como uma mãe não consegue deixar de enxugar a lágrima de um filho.

O fato de você pertencer a Ele não é suficiente; Ele deseja transformar o seu ser. Enquanto estamos satisfeitos com uma bela poltrona e uma geladeira, Ele se recusa a se conformar com qualquer habitação menor que um palácio. Além do mais, esta é a sua casa. Nenhum investimento é poupado. Não há corte de gastos. "E qual a sobreexcelente grandeza do seu poder sobre nós, os que cremos, segundo a operação da força do seu poder" (Ef 1.19).

Isso deve explicar o porquê de algum desconforto em sua vida. Remodelar o coração não é sempre agradável. Não nos opomos quando o Carpinteiro adiciona algumas prateleiras, mas Ele é conhecido pelo modo como desbasta as peças de madeira. Ele tem grandes aspirações para você. Deus quer fazer uma restauração completa. Ele não irá parar até que tenha terminado. E não terá encerrado até termos sido modelados "à imagem de seu Filho" (Rm 8.29).

Nosso Criador está nos refazendo à imagem de Cristo. Ele deseja que sejamos simplesmente como Jesus. Esse é o desejo de Deus e o título deste livro.

Caro Amigo

Antes de prosseguirmos, posso fazer uma pausa e dizer obrigado? Passar estes momentos com você é um grande privilégio, e eu gostaria que você soubesse o quanto sou grato pela oportunidade. Minha oração por você, que lê estas palavras, é simples. Que Deus possa abrir os seus olhos para que você possa ver Jesus. E, ao ver Jesus, possa reconhecer para o que foi chamado.

Eu também gostaria de apresentar-lhe alguns amigos que tornaram possível esta obra. Eis aqui meus cumprimentos a algumas pessoas muito queridas:

A Liz Heaney e Karen Hill — Poucos editores trabalham com tanta habilidade e bondade. Obrigado novamente por mais um trabalho valoroso.

A Steve e Cheryl Green — A proximidade de vocês simplifica meu mundo. Obrigado por tudo o que fazem.

À maravilhosa família de cristãos em Oak Hills — Embora seu gosto por um pastor mais velho seja questionável, seu amor por este que vos fala é apreciado. Estamos completando uma década de trabalho juntos. Que Deus possa nos acrescentar muito mais.

A Scott Simpson — O prazo foi perfeito para nós dois. Obrigado pela inspiração.

Ao habilidoso time da Word Publishing — Nos momentos de transição, vocês foram confiáveis e verdadeiros. Sinto-me honrado por fazer parte de sua lista de autores.

A minhas filhas Jenna, Andrea e Sara — Se o céu der falta de três anjos, sei onde encontrá-los.

A Kathy, Karl e Kelly Jordon — O nascimento deste livro coincide com a morte de seu marido e de seu pai, Kip. Sentimos muito a sua falta. No universo imenso das publicações, sua figura consta no topo da lista. Ele nunca será substituído, e será sempre lembrado.

E, acima de tudo, a Denalyn — O que você tem feito em nossa casa não é nada comparado ao que tem feito em meu coração. Decore-o como você quiser, querida.

CAPÍTULO 1

Um Coração como o DEle

E se, por um dia, Jesus fosse você?

E se, por vinte e quatro horas, Jesus acordasse em sua cama, calçasse seus sapatos e cumprisse a sua agenda? Seu chefe passasse a ser o chefe dEle, sua mãe a mãe dEle, e suas dores se tornassem as dores dEle? Com exceção de uma coisa, nada em sua vida mudaria. Sua saúde continuaria a mesma. Circunstâncias iguais, horários inalterados, problemas pendentes. Somente um detalhe modificado.

E se, durante um dia e uma noite, Jesus vivesse a sua vida com o coração dEle? Seu coração ganhasse um dia de folga e sua vida fosse dirigida segundo o coração de Cristo? As prioridades dEle governando suas ações. As paixões dEle guiando suas decisões. O amor de Jesus conduzindo seu comportamento.

Como você seria? As pessoas notariam alguma mudança? Sua família — será que veriam algo novo? Seus colegas de trabalho sentiriam a diferença? E os menos afortunados? Seriam tratados da mesma forma? E seus amigos? Perceberiam uma alegria maior? E quanto a seus inimigos? Receberiam mais misericórdia do coração de Jesus do que do seu?

E você? Como se sentiria? Que alterações esse transplante produziria em seu nível de estresse? Em suas mudanças de humor? Em seu temperamento? Você dormiria melhor? Veria o amanhecer de modo diferente? E a morte? E os impostos? Haveria alguma chance de você precisar menos de aspirinas e tranqüilizantes? E quanto a suas reações em congestionamentos no trânsito? (Toquei num nervo exposto, certo?) Mais ainda, você continuaria com os mesmos hábitos?

Você daria continuidade aos planos projetados para as próximas vinte e quatro horas? Pare e pense em sua agenda. Obrigações. Compromissos. Passeios. Reuniões. Alguma coisa mudaria se Jesus tomasse o seu lugar?

Continue pensando nisso. Ajuste as lentes da sua imaginação até ter uma imagem clara de Jesus dirigindo sua vida, então tire a foto. O que você vê é o desejo de Deus. Ele quer que haja em nós "o mesmo sentimento que houve também em Cristo Jesus" (Fl 2.5).

O plano de Deus para você é nada menos do que um novo coração. Se você fosse um carro, Deus controlaria seu motor. Se fosse um computador, Deus controlaria seu *software* e o disco rígido. Caso fosse um avião, Ele se sentaria na cabine do piloto. Mas como você é uma pessoa, Deus quer trocar o seu coração.

"E vos renoveis no espírito do vosso sentido, e vos revistais do novo homem, que, segundo Deus, é criado em verdadeira justiça e santidade" (Ef 4.23,24).

Deus deseja que você seja assim como Jesus. Ele quer que você tenha um coração como o dEle.

Vou me arriscar a dizer algo. É perigoso resumir grandes verdades em apenas uma afirmação, mas vou tentar. Se uma sentença ou duas pudessem captar o desejo de Deus para cada um de nós, seria mais ou menos assim:

> *Deus o ama como você é, mas se recusa a deixá-lo desse jeito. Ele quer que você seja simplesmente como Jesus.*

Deus o ama como você é. Se pensa que seu amor por você seria maior se sua fé também fosse, não é verdade. Se acha que seu amor seria mais profundo se seus pensamentos também fossem assim, novo erro. Não confunda o amor de Deus com o amor humano. O amor humano sempre aumenta com o desempenho do outro e diminui com os erros. Isso não acontece com o amor de Deus. Ele o ama exatamente como você é. Citando o autor favorito de minha esposa:

> O amor de Deus nunca cessa. Nunca. Mesmo que o rejeitemos, ignoremos, desprezemos ou lhe desobedeçamos. Ele não muda. Nosso mal não diminui seu amor. Nossa bondade não pode aumentá-lo. Nossa fé não pode conquistá-lo tanto quanto nossa estupidez pode comprometê-lo. Deus não nos amará menos se falharmos ou formos bem-sucedidos. O amor de Deus nunca cessa.[1]

Deus o ama como você é, mas se recusa a deixá-lo como está. Quando minha filha Jenna era criança, eu costumava levá-la a um parque não muito longe de nosso apartamento. Certo dia, quando ela brincava em um quadrado de areia, um sorveteiro aproximou-se de nós. Eu comprei um sorvete para ela, então, quando me virei para entregar-lhe, vi que sua boca estava cheia de areia. Ela encheu de sujeira um local que eu planejava adoçar.

Será que eu a amava mesmo com a boca suja? Absolutamente. Ela deixou de ser minha filha por estar com sujeira em sua boca? É claro que não. Iria eu permitir que ela ficasse com aquela sujeira em sua boca? Por quê? Porque eu a amo.

Deus faz o mesmo por nós. Ele nos segura sobre a fonte de águas limpas. "Cuspa a sujeira, querida", adverte nosso Pai. "Tenho algo melhor para você". Então Ele nos limpa de nossa sujeira: imoralidade, desonestidade, preconceito, amargura, ganância. Nós não gostamos da limpeza; algumas vezes até optamos pela sujeira ao invés do sorvete. "Posso comer sujeira se quiser!", afirmamos e proclamamos. É verdade – podemos. Mas só temos a perder. Deus tem uma oferta melhor. Ele quer que sejamos simplesmente como Jesus.

Essa não é uma boa notícia? Você não está fadado à realidade presente. Não está condenado a ser um resmungão. Mesmo com preocupações diárias, você não precisa andar preocupado pelo resto de sua vida. E se você for uma pessoa intolerante? Não precisa achar que vai morrer desse jeito.

De onde veio a idéia de que não pode mudar? De onde provém afirmações tais como "Minha natureza é ser uma pessoa preocupada" ou "Sempre serei pessimista. Eu sou assim mesmo" ou "Meu temperamento é ruim. Não consigo controlar minhas reações"? Quem disse? Será que faríamos as mesmas afirmações quanto a nossos corpos? "Faz parte de minha natureza ter uma perna quebrada. Não posso fazer nada a respeito". Certamente que não. Procuramos ajuda quando nossos corpos funcionam mal. Não deveríamos fazer o mesmo com nossos corações? Não deveríamos buscar ajuda para nossas atitudes amargas? Não podemos requerer tratamento para nossas tiradas egoístas? Certamente que podemos.

Jesus pode mudar nossos corações. Ele deseja que tenhamos um coração como o seu.

Dá para imaginar uma oferta melhor?

O CORAÇÃO DE CRISTO

O coração de Jesus era puro. O Salvador era adorado por milhares de pessoas, mas ainda assim contentava-se com uma vida simples. Ele recebeu o cuidado de mulheres (Lc 8.1-3) e nunca foi acusado de ter pensamentos impuros; foi desprezado por aqueles a quem criara, mas mostrou-se disposto a perdoá-los antes mesmo que clamassem por misericórdia. Pedro, que viajou com Jesus durante três anos e meio, descreveu-o como "um cordeiro imaculado e incontaminado" (1 Pe 1.19). Após sua convivência com Jesus, João concluiu: "e nele não há pecado" (1 Jo 3.5).

Jesus possuía um coração sereno. Os discípulos inquietavam-se sobre a necessidade de alimentar a muitos, mas Jesus não. Ele agradeceu a Deus pelo problema. Os discípulos gritaram de medo durante a tempestade, Jesus não. Ele dormiu o tempo todo. Pedro puxou sua espada para lutar com os soldados, mas Jesus não. Ele levantou sua mão para curar. Seu coração estava em paz. Quando seus discípulos o abandonaram, Ele ficou amuado e quis voltar para casa? Quando Pedro o negou, Jesus perdeu a paciência? Quando os soldados cuspiram em sua face, soprou fogo neles? Nem pensar! Ele estava em paz. Ele os perdoou. Recusou-se a ser guiado pela vingança.

Também recusou-se a ser dirigido por qualquer outra coisa que não fosse seu chamado supremo. Havia um propósito em seu coração. A maioria das pessoas nada almejam em particular e é só isto que conseguem. Jesus possuía um único objetivo — salvar a humanidade dos seus pecados. Ele poderia resumir sua vida em uma única sentença: "Porque o Filho do Homem veio buscar e salvar o que se havia perdido" (Lc 19.10). Jesus estava tão concentrado em sua missão que soube quando dizer "Ainda não é chegada a minha hora" (Jo 2.4) e também "Está consumado" (Jo 19.30). Mas Ele não estava concentrado a ponto de se tornar inconveniente.

Ao contrário, como eram agradáveis seus pensamentos! As crianças não podiam resistir a Jesus. Ele encontrava beleza nos lírios, alegria na adoração e possibilidades nos problemas. Ele passava dias entre multidões de pessoas enfermas e ainda sentia pena delas. Ele passou mais de três décadas entre a sujeira e o lamaçal de nossos pecados e ainda assim enxergou beleza em nós a ponto de morrer por nossas transgressões.

Porém, o maior atributo de Jesus era este: seu coração era espiritual. Seus pensamentos refletiam um relacionamento íntimo com o Pai. "Crede-me que estou no Pai, e o Pai, em mim", afirmou Ele (Jo 14.11). Seu primeiro sermão tem início com as palavras "O Espírito do Senhor é sobre mim" (Lc 4.18). Ele foi "conduzido pelo Espírito" (Mt 4.1) e "cheio do Espírito Santo" (Lc 4.14). Ele retornou do deserto "pela virtude do Espírito" (Lc 4.14).

Jesus recebeu suas instruções de Deus. Ele tinha o hábito de adorar (Lc 4.16). Era sua prática memorizar as Escrituras (Lc 4.4). Lucas diz que Jesus "retirava-se para os desertos e ali orava" (Lc 5.16). Seus momentos de oração o orientavam. Certa vez, ao retornar de um período de oração, Ele anunciou que era tempo de ir para outra cidade (Mc 1.38). Outro momento de oração resultou na escolha dos discípulos (Lc 6.12,13). Jesus era guiado por uma mão invisível. "Porque tudo quanto ele (Deus) faz, o Filho o faz igualmente" (Jo 5.19). No mesmo capítulo, Ele afirma: "Eu não posso de mim mesmo fazer coisa alguma; como ouço, assim julgo" (Jo 5.30).

O coração de Jesus era espiritual.

O CORAÇÃO DA HUMANIDADE

Nossos corações parecem tão distantes do dEle. Ele é puro; somos gananciosos. Ele é pacificador; somos contenciosos. Ele tem um propósito; nós somos distraídos. Ele é agradável; somos irritantes. Ele é espiritual; somos materialistas. A distância entre nossos corações e o dEle parece imensa. Como podemos anelar ter o coração de Jesus?

Pronto para a surpresa? Você já tem. Você já possui o coração de Cristo. Por que está me olhando dessa forma? Eu mentiria para você? Se alguém está em Cristo, já possui o coração de Cristo. Uma das maiores, porém desapercebidas, promessas de Cristo é esta: se você entrega sua vida a Jesus, Ele entrega-se a si mesmo por você. Ele faz de seu coração a sua própria casa. Seria difícil ser mais sucinto do que Paulo: "Cristo vive em mim" (Gl 2.20).

Mesmo correndo o risco de ser repetitivo, permita-me sê-lo. Se você já entregou sua vida a Jesus, Jesus já habita em você. Ele já se mudou, desfez suas malas e está pronto para transformá-lo "de glória em glória, na mesma imagem, como pelo Espírito do Senhor" (2 Co 3.18). Paulo explica isso com estas palavras: "Mas, por estranho que pareça, nós, cristãos, possuímos efetivamente dentro de nós uma parcela dos próprios pensamentos e da mente de Cristo" (1 Co 2.16, A Bíblia Viva).

Estranho é a palavra! Se eu tenho a mente de Cristo, por que ainda penso tão como eu? Se tenho o coração de Cristo, por que ainda carrego as dificuldades de Max? Se Jesus habita em mim, por que ainda detesto os congestionamentos?

Parte da resposta é ilustrada em uma história sobre uma senhora que possuía uma pequena casa no litoral da Irlanda na virada do século. Ela era rica, porém econômica. Então as pessoas ficaram surpresas quando ela decidiu estar entre os primeiros que teriam eletricidade em sua casa.

Várias semanas após a instalação, um leitor de medição apareceu à porta. Ele perguntou se a eletricidade estava funcionando bem e ela respondeu que sim. "Estou intrigado, e gostaria que a senhora me explicasse uma coisa", disse ele. "Seu medidor demonstra que a senhora quase não utiliza a eletricidade!"

"Certamente", respondeu ela. "Todos os dias, quando o sol se põe, ligo minhas luzes tempo suficiente para acender meus candelabros; então eu as desligo".

Ela possui eletricidade mas não a utiliza. Sua casa está conectada, porém permanece inalterada. Será que não cometemos o mesmo erro? Nós também — salvos, embora com o mesmo coração — estamos conectados, porém permanecemos inalterados. Confiando em Cristo para a salvação, mas resistindo à transformação. Nós ocasionalmente ligamos o interruptor, entretanto, na maior parte do tempo, optamos pelas sombras.

O que aconteceria se deixássemos as luzes ligadas? O que aconteceria se não apenas ligássemos a luz mas vivêssemos na luz? Que mudanças ocorreriam caso persistíssemos na tarefa de descansar no esplendor de Cristo?

Não duvide: Cristo possui planos ambiciosos para nós. O mesmo que salvou a sua alma anseia remodelar seu coração. Seu plano é nada menos do que uma total transformação: "... para serem conforme a imagem de seu Filho, a fim de que ele seja o primogênito entre muitos irmãos" (Rm 8.29).

"... e vos vestistes do novo, que se renova para o conhecimento, segundo a imagem daquele que o criou" (Cl 3.10).

Deus está pronto a moldar-nos à semelhança do Salvador. Devemos aceitar sua oferta? Eis minha sugestão. Vamos imaginar o que significa ser simplesmente como Jesus. Vamos nos aprofundar no coração de Cristo. Vamos passar alguns capítulos considerando sua compaixão, refletindo sobre sua intimidade com o Pai, admirando seu foco central, ponderando acerca de sua paciência. Como Ele perdoou? Quando Ele orou? O que o fez tão agradável? Por que Ele não desistiu? Precisamos estar "olhando para Jesus" (Hb 12.2). Talvez, ao vê-lo, possamos perceber em que podemos nos tornar.

Suportando-vos uns aos outros e perdoando-vos uns aos outros, se algum tiver queixa contra outro; assim como Cristo vos perdoou, assim fazei vós também.

COLOSSENSES 3.13

CAPÍTULO 2

AMANDO AS PESSOAS LIGADAS A VOCÊ

Um coração perdoador

Foi durante a minha infância e na forma de presente natalino que ganhei meu primeiro bicho de estimação. Tenho uma vaga recordação de uma cachorrinha chinesa, pequena o suficiente para caber na palma da mão de meu pai e esperta o bastante para roubar o coração de um garoto de oito anos. Nós a chamamos de Liz.

Eu a carreguei no colo o dia todo. Seus olhinhos pendentes me fascinaram, seu narizinho achatado me intrigou. Cheguei a levá-la para a minha cama. E se ela cheirasse a cachorro? Para mim, o odor era bom. E se ela chorasse e uivasse? Para mim, o barulho era bom. E se ela urinasse em meu travesseiro? Não posso dizer que seria bom, mas eu não me importaria.

Durante a nossa conversa "pré-nupcial", papai e mamãe haviam deixado bem claro que eu seria responsável pela cachorra, e eu me sentia feliz com essa obrigação. Limpava seu pequenino cocho de comida e abria a sua lata de ração. Assim que ela bebia um pouquinho de água, eu já repunha rapidamente. Eu mantinha seu pelo sempre penteado.

No entanto, após alguns dias, meus sentimentos começaram a mudar. Liz ainda era minha cachorra, eu ainda era seu amigo, mas comecei a me cansar do seu latido e ela parecia excessivamente faminta. Meus pais lembravam-me diversas vezes: "Tome conta dela. Ela é sua".

Eu não gostava de ouvir aquelas palavras — *sua cachorra*. Eu não me importaria com a frase "ela é sua para brincar" ou "ela é sua quando estiver comportada". Porém, não eram essas as palavras de meus pais. Eles diziam: "Liz é sua cachorra". Ponto. Na doença ou na saúde. Na riqueza ou na pobreza. No seco ou no molhado.

Foi quando percebi. *Estou preso a Liz*. O namoro havia terminado. A lua-de-mel acabado. Estávamos atados. De uma opção, Liz passou a ser uma obrigação. De um mimo a um fardo, de alguém para brincar a alguém para cuidar.

Talvez você já conheça esse sentimento — uma certa claustrofobia que acompanha o compromisso. A diferença é que, em lugar de ouvir "Ela é sua cachorrinha", você ouve "Ele é seu marido", ou "Ela é sua esposa" ou "Ele é seu filho, pai, patrão, chefe, colega" ou qualquer outro relacionamento que requeira lealdade para sobrevivência.

Tal comportamento pode levar ao pânico — pelo menos aconteceu comigo. Precisei responder a algumas questões muito difíceis. Será que vou conseguir tolerar aquela cara peluda, faminta e de nariz achatado todos os dias? (Suas esposas conhecem a sensação?) Terei que ouvir esse latido até o fim dos meus dias? (Alguma criança se identificou com a situação?) Será que ela vai aprender a limpar sua própria sujeira? (Será que ouvi um "amém" de alguns pais?)

LAÇONITE

Estas são algumas das perguntas que fazemos quando sentimo-nos presos a alguém. Existe uma palavra para definir tal situação. Ao consultar o dicionário médico simplificado (o qual escrevi um dia antes de elaborar este capítulo, descobri que esta condição é um mal comum conhecido como "laçonite". (Laço significa nó, armadilha. "Nite" constitui as quatro letras que adicionamos a algo que desejamos tornar impressionante. Leia novamente em voz alta: "laçonite"). O *Manual de Termos Médicos de Max* diz o seguinte sobre esta condição:

> Ataques de "laçonite" estão limitados a indivíduos que respiram e costumam ocorrer no período entre o nascimento e a morte dos mesmos. A "laçonite" manifesta-se na irritabilidade, pequenas explosões e uma tendência ao exagero. O sintoma mais comum da "laçonite" é a repetição de questões iniciadas por *quem, o que* e *por quê. Quem* é esta pessoa? *O que* eu estava pensando? *Por que* não dei ouvidos a minha mãe?

Esse prestigioso manual identifica três formas de como lidar com a "laçonite": fugir, lutar ou perdoar. Alguns optam pela fuga: livrar-se do relacionamento e começar novamente em outro lugar, embora costumem ficar surpresos quando a outra parte resolve fazer o mesmo. Outros lutam. Casas transformam-se em zonas de combate, escritórios em ringues de boxe, e a tensão torna-se um hábito. Poucos, no entanto, descobrem outro tratamento: perdão. Meu manual não possui qualquer modelo sobre como desencadear o perdão, mas a Bíblia possui.

O próprio Jesus conheceu o sentimento de estar preso a alguém. Durante três anos andou com a mesma comitiva. De um modo geral, Ele viu os mesmos doze; ao redor da mesa, da fogueira, por todos os lugares. Viajaram nos mesmos barcos, andaram pelas mesmas estradas e visitaram as mesmas casas. Então fico pensando: como Jesus pôde ser tão dedicado a esses homens? Ele teve não apenas que tolerar suas esquisitices latentes, como também suportar suas fraquezas invisíveis. Pense nisso. Ele podia ouvir seus pensamentos mudos. Conhecia suas dúvidas particulares. Não apenas isso, conhecia suas dúvidas futuras. E se você conhecesse cada pensamento deles sobre sua pessoa, cada irritação, desgosto, cada traição?

Foi difícil para Jesus amar a Pedro sabendo que este iria negá-lo algum dia? Foi difícil confiar em Tomé, sabendo que ele questionaria a sua ressurreição? Como Jesus resistiu ao ímpeto de recrutar um novo grupo de seguidores? João queria destruir o inimigo. Pedro decepou a orelha de outra pessoa. Apenas alguns dias antes da morte de Jesus, seus discípulos discutiam sobre qual deles era o melhor! Como Ele foi capaz de amar pessoas difíceis até mesmo de alguém gostar?

Poucas situações geram uma sensação de pânico como a de estar preso a um relacionamento. Uma coisa é estar ligado a um filhotinho de cachorro, mas algo completamente diferente é estar ligado a alguém através de um casamento. Podemos rir de termos engraçados como "laçonite", mas para muitos isso não é assunto para riso. Por essa razão, penso ser sábio que comecemos o nosso estudo sobre o significado de ser simplesmente como Jesus ponderando a respeito de seu coração perdoador. Como é que Jesus era capaz de amar os seus discípulos? A resposta pode ser encontrada no décimo terceiro capítulo de João.

COM UMA TOALHA E UMA BACIA

De todas as vezes em que vemos Jesus ajoelhar-se, nenhuma é tão preciosa como aquela em que se ajoelhou diante de seus discípulos e lavou-lhes os pés.

Isso aconteceu pouco antes da festa da Páscoa. Jesus sabia que era chegada a hora de deixar este mundo e ir para o Pai. E tendo amado os seus que estavam no mundo, mostrou nessa ocasião a completa extensão de seu amor.

> Ora, antes da festa da Páscoa, sabendo Jesus que já era chegada a sua hora de passar deste mundo para o Pai, como havia amado os seus que estavam no mundo, amou-os até ao fim. E, acabada a ceia, tendo já o diabo posto no coração de Judas Iscariotes, filho de Simão, que o traísse, Jesus, sabendo que o Pai tinha depositado nas suas mãos todas as coisas, e que havia saído de Deus, e que ia para Deus, levantou-se da ceia, tirou as vestes, ... e começou a lavar os pés aos discípulos e a enxugar-lhos com a toalha com que estava cingido (Jo 13:1-5).

Tinha sido um longo dia. Jerusalém estava repleta de convidados para a festa da Páscoa, a maioria dos quais clamava por ao menos ver rapidamente o Mestre. O sol da primavera é quente. As ruas estão secas. E os discípulos longe de casa. Um mergulho em água fria seria refrescante.

Os discípulos entram, um a um, e tomam lugar em volta da mesa. Na parede há uma toalha pendurada e, no chão, uma jarra e uma bacia. Qualquer um dos discípulos podia se apresentar como voluntário para esse trabalho, mas nenhum o faz.

Depois de alguns momentos, Jesus se coloca em pé e tira o seu manto. Cinge uma faixa usada pelos servos ao redor da cintura, toma a bacia e ajoelha-se diante de um dos discípulos. Desamarra a sandália, gentilmente levanta o pé do discípulo e o coloca dentro da bacia, cobre-o com água e começa a lavá-lo. Um a um, um pé sujo após outro, Jesus trabalha até completar toda a fileira.

Nos dias de Jesus, a tarefa de lavar os pés era reservada não apenas aos servos, mas aos servos de menor escalão. Toda a organização possui a sua hierarquia, e a dos trabalhadores domésticos não era exceção. O servo que se encontrava na base da estrutura hierárquica, o mais simples, era aquele que deveria ajoelhar-se com a toalha e a bacia.

Nesse episódio, aquele que está com a toalha e a bacia é o Rei do universo. As mãos que formaram as estrelas agora lavam a sujeira. Os dedos que fizeram as montanhas agora esfregam dedões. E aquele diante de quem todas as nações um dia se ajoelharão coloca-se de joelhos diante dos seus discípulos. Horas antes de sua própria morte, a preocupação de Jesus é singular. Ele quer que seus discípulos saibam o quanto Ele os ama. Mais do que removendo a sujeira, Jesus está removendo a dúvida.

Jesus sabe o que acontecerá às suas mãos durante a crucificação. Dentro de vinte e quatro horas elas estarão traspassadas e sem vida. De todas as vezes em que esperaríamos que Ele pedisse a atenção de seus discípulos, esta seria uma das principais. Mas Ele não o fez.

Você pode estar certo de que Jesus conhece o futuro de cada pé que está lavando. Esses vinte e quatro pés não seguirão a seu Mestre no dia seguinte, defendendo a sua causa. Esses pés buscarão abrigo ao ver o brilho da espada romana. Apenas um par de pés não o abandonará no jardim. Um discípulo não o desertará no Getsêmani — Judas não se demorará tanto! Abandonará Jesus naquela mesma noite, à mesa.

Procurei por alguma tradução da Bíblia onde se lesse: "Jesus lavou os pés de todos os discípulos, exceto os pés de Judas", porém não encontrei nenhuma. Que momento de paixão, quando Jesus silenciosamente levanta os pés de seu traidor e os lava na bacia! Dentro de algumas horas os pés de Judas, limpos pela bondade daquele a quem trairá, estarão na corte de Caifás.

Veja o presente que Jesus dá a seus seguidores! Ele conhece o que aqueles homens estavam prestes a fazer. Ele sabe que estavam a ponto de cometer o ato mais vil de suas vidas. Pela manhã sepultarão suas cabeças na vergonha, e olharão para seus pés com amargura. E quando o fizerem, Ele quer que se lembrem de seus joelhos dobrando-se diante deles e como lhes lavou os pés. Ele deseja que os seus discípulos compreendam que aqueles pés ainda estão limpos. "O que eu faço não o sabes tu agora, mas tu o saberás depois" (Jo 13.7).

Extraordinário. Jesus perdoou-lhes os pecados, antes mesmo que o cometessem. Ele ofereceu misericórdia antes que eles a buscassem.

DA BACIA DE SUA GRAÇA

"*Oh, eu nunca seria capaz de fazer isso*", você pode dizer. "*É uma ferida muito profunda. As chagas são numerosas. Basta ver a pessoa, e já me encolho de medo*". Talvez este seja o seu problema. Talvez esteja enxergando a pessoa errada, ou ao menos enxergando demais a pessoa errada. Lembre-se, o segredo para sermos como Jesus é "fixar nosso olhar" nEle. Procure tirar o seu olhar da pessoa que o feriu e colocá-lo naquEle que o salvou.

Observe a promessa registrada em João: "Mas, se andarmos na luz, como ele na luz está, temos comunhão uns com os outros, e o sangue de Jesus Cristo, seu Filho, nos purifica de todo pecado" (1 Jo 1.7).

A não ser pela geografia e pela cronologia, a nossa história é a mesma dos discípulos. Não estivemos em Jerusalém e não estávamos vivos naquela noite. Mas aquilo que Jesus fez por eles também tem feito por nós. Ele nos limpou. Limpou o nosso coração dos nossos pecados.

E mais do que isso, Ele ainda está nos limpando! João nos diz: "Estamos sendo limpos de todos os pecados pelo sangue de Jesus". Em outras palavras, estamos sendo continuamente limpos. Essa limpeza não é uma promessa para o futuro, mas uma realidade no presente. Quando um ponto de sujeira cai na alma de um santo, é lavado imediatamente. Se um pingo de imundície aterrizar no coração de um filho ou filha de Deus, é logo enxugado. Jesus ainda lava os pés de seus discípulos. Jesus ainda remove as manchas. Jesus ainda purifica o seu povo.

O nosso Salvador ainda se ajoelha e olha para os atos mais escuros de nossas vidas. Mas ao invés de recuar com horror, Ele nos alcança em bondade dizendo: "Posso limpar isto, se você quiser". E mergulhando as mãos na bacia de sua graça, Ele as levanta cheias de misericórdia e nos limpa de nossos pecados.

Mas não é só isso que Ele faz. Porque Ele vive em nós, você e eu somos capazes de fazer o mesmo. Porque Ele tem nos perdoado, somos capazes de perdoar outros. Porque Ele tem um coração perdoador, podemos ter um coração perdoador. Podemos ter um coração como o dEle.

"Ora, se eu, Senhor e Mestre, vos lavei os pés, vós deveis também lavar os pés uns aos outros. Porque eu vos dei o exemplo, para que, como eu vos fiz, façais vós também" (Jo 13.14,15).

Jesus lava os nossos pés por duas razões. A primeira é para estender a nós a sua misericórdia; a segunda é para nos dar uma mensagem, e esta mensagem é simplesmente a seguinte: Jesus oferece a sua graça incondicionalmente; nós também devemos oferecer esta graça incondicional. A misericórdia de Cristo antecedeu os nossos erros; a nossa misericórdia deve preceder os erros das outras pessoas. Aqueles que estavam à volta de Cristo não tinham nenhuma dúvida a respeito de seu amor; as pessoas que estão à nossa volta também não deveriam ter nenhuma dúvida quanto ao nosso.

O que significa ter um coração como o dEle? Significa ajoelhar-se como Jesus se ajoelhou, tocando as partes sujas das pessoas a quem estamos ligados, lavando e retirando a maldade delas com bondade. Ou como Paulo escreveu: "Antes, sede uns para com os outros benignos, misericordiosos, perdoando-vos uns aos outros, como também Deus vos perdoou em Cristo" (Ef 4.32).

"Mas, Max", você deve estar dizendo, "não fiz nada errado, não fui eu o enganador. Não fui eu quem mentiu. Não sou o culpado nesta situação". Talvez não seja. Mas Jesus também não era. De todos os homens naquela sala, apenas um era digno de ter seus pés lavados. E Ele foi o que lavou os pés dos outros. O que era digno de ser servido serviu a outros. A genialidade no exemplo de Jesus é que o fardo da construção da ponte recai sobre o forte, não sobre o fraco. O único inocente foi o único a tomar a iniciativa.

E sabe o que acontece? Na maioria das vezes, se a pessoa que está com a razão se dispõe a lavar os pés da pessoa que está errada, ambos ao final se ajoelham. Não pensamos todos que estamos certos? Por isso lavemos os pés um dos outros.

Por favor, compreenda. *Relacionamentos são bem-sucedidos não pela punição dos culpados, mas pela misericórdia dos inocentes.*

O PODER DO PERDÃO

Recentemente, participei de uma refeição com alguns amigos. Um marido e sua esposa queriam me contar sobre a tempestade que estavam atravessando. Através de uma série de incidentes, ela soube de um ato de infidelidade que ocorrera há mais de uma década. Ele errou ao pensar que seria melhor não contar a ela, e não o fez. Porém a mulher descobriu. E como era de se imaginar, ela sentiu-se profundamente ferida.

Seguindo o aconselhamento recebido, o casal deixou tudo e saiu junto por muitos dias. Uma decisão precisava ser tomada. Deveriam fugir, brigar ou perdoar? Então oraram. Conversaram. Caminharam juntos. Refletiram. Nesse caso, a esposa estava, sem dúvida, com a razão. Ela poderia tê-lo abandonado. Ou poderia ter ficado e feito da vida dele um inferno vivo. Outras mulheres teriam feito isso. Porém, ela escolheu uma reação diferente.

Na décima noite da viagem deles, meu amigo encontrou um cartão em seu travesseiro. Nele estava impresso a seguinte frase: "Preferiria não fazer nada junto com você, do que alguma coisa sem você". Logo abaixo ela havia escrito as seguintes palavras:

Eu perdôo você. Eu o amo. Vamos seguir em frente.

O cartão funcionou como uma bacia. E a caneta como um cântaro de água, porque dela foi vertida pura misericórdia, e com ela a esposa lavou os pés de seu marido.

Existem certos conflitos que só podem ser resolvidos com uma bacia de água. Há relacionamentos em seu mundo sedentos de misericórdia? Existe alguém sentado em volta de sua mesa que tenha a necessidade da certeza de sua graça? Jesus assegurou que seus discípulos não teriam razão para duvidar de seu amor. Por que não fazer o mesmo?

*Revesti-vos pois, como eleitos de Deus, santos
e amados, de entranhas de misericórdia,
de benignidade, humildade, mansidão, longanimidade.*

Colossenses 3.12

CAPÍTULO 3

O Toque de Deus

Um coração compassivo

Posso pedir-lhe que olhe para a sua mão por um momento? Olhe para as costas e depois para a palma de sua mão. Familiarize-se novamente com os seus dedos. Passe um de seus polegares sobre as articulações.

Como seria se alguém fizesse um documentário baseado em suas mãos?

Como seria se um produtor fosse contar a sua história baseado na vida de suas mãos? O que veríamos? Como com todos nós, o filme começaria com o punho cerrado de um bebê, e então mostraria um *close* de uma pequena mão envolta em um dos dedos da mamãe. E o que mais? Mostraria a mão segurando uma cadeira da mesma maneira que você fez quando estava aprendendo a andar? Manuseando uma colher como quando estava aprendendo a comer?

Não demoraria muito e veríamos nessas imagens a sua mão agindo com carinho, batendo levemente no rosto de seu pai ou mesmo em um pequenino filhote de estimação.

Também não demoraria muito e veríamos sua mão agindo de maneira agressiva: empurrando um irmão maior ou tomando de volta um brinquedo. Todos nós aprendemos muito cedo que a mão serve para mais do que ajudar a própria sobrevivência — ela é uma ferramenta de expressão das nossas emoções. A mesma mão pode ajudar ou ferir, abrir ou fechar, levantar alguém ou impelir alguém à queda.

Caso mostrasse o documentário a seus amigos, você se sentiria orgulhoso em determinados momentos: quando estendesse suas mãos para dar um presente, quando colocasse uma aliança no dedo de outra pessoa, quando estivesse tratando um ferimento, preparando uma refeição ou entrelaçadas em oração. Então haveria outras cenas. Dedos acusadores em riste, punhos cerrados de maneira agressiva. Mãos que com mais freqüência recebem do que dão, pedem ao invés de ofertar, ferem ao invés de amar. Que poder possuem nossas mãos! Se as deixarmos sem governo poderão se tornar armas: buscarão o poder com garras afiadas, serão capazes de estrangular na busca pela sobrevivência ou de seduzir por mero prazer. Sob controle, porém, nossas mãos se tornarão instrumentos de graça — não apenas ferramentas nas mãos de Deus, mas as próprias mãos de Deus. Entregue-as, e esses importantes complementos em forma de cinco dedos se tornarão mãos celestiais.

Foi isso o que Jesus fez. O nosso Salvador entregou completamente as suas mãos a Deus. O documentário das mãos dEle não teria cenas de mãos agarrando algo vorazmente e nem de dedos apontando alguém com acusações infundadas. Teria, contudo, sucessivas cenas de pessoas desejando seu toque compassivo: pais levando os filhos à sua presença, pessoas pobres trazendo os seus medos e pecadores as suas tristezas. O filme mostraria que todos os que vieram em busca dEle foram tocados. E cada um dos que receberam seu toque foi transformado. Mas ninguém foi tocado ou mudado de uma maneira tão tremenda como o leproso sem nome de Mateus 8.

> E, descendo ele do monte, seguiu-o uma grande multidão. E eis que veio um leproso e o adorou, dizendo: Senhor, se quiseres, podes tornar-me limpo. E Jesus, estendendo a mão, tocou-o, dizendo: Quero; sê limpo. E logo ficou purificado da lepra. Disse-lhe, então, Jesus: Olha, não o digas a alguém, mas vai, mostra-te ao sacerdote e apresenta a oferta que Moisés determinou, para lhes servir de testemunho (vv. 1-4).

Marcos e Lucas escolheram contar a mesma história. Porém, desculpem-me os três escritores, devo dizer que nenhum nos contou o bastante para suprir a contento nossa curiosidade humana. Conhecemos a doença desse homem e a sua decisão, mas e quanto ao restante? Ficamos curiosos. Os autores não forneceram seu nome, nem outros dados históricos ou uma descrição detalhada.

REJEIÇÃO EM ÚLTIMO GRAU

Algumas vezes a minha curiosidade tira o melhor de mim, e eu penso em voz alta. É isso o que vou fazer aqui — dar asas à imaginação com respeito ao homem que sentiu o toque compassivo de Jesus. Ele aparece uma vez, faz um pedido e recebe um toque. Mas aquele toque único muda sua vida para sempre. E eu fico pensando se a história daquele homem poderia ter sido assim:

Durante cinco anos ninguém me tocou. Ninguém. Nem uma pessoa. Nem a minha esposa. Nem meus filhos. Nenhum de meus amigos. Ninguém me tocou. Eles apenas me viam. Falavam comigo. Eu podia sentir amor na voz dessas pessoas quando se dirigiam a mim. Podia ver a preocupação expressa em seus olhos. Porém, eu não podia sentir o toque delas. Não havia nenhum toque. Nenhuma vez sequer. Ninguém me tocava.

Eu desejava ardentemente algumas coisas que são comuns para você. Apertos de mãos. Calorosos abraços. Um tapinha nos ombros para chamar a minha atenção. Um beijo nos lábios para roubar um coração. Esses momentos foram arrancados de meu mundo. Ninguém me tocava. Ninguém acidentalmente esbarrava em min. O que eu não teria dado para que alguém esbarrasse em mim, para que pudesse estar apertado em meio a uma multidão, para que o meu ombro roçasse o ombro de outra pessoa... Mas durante cinco anos isso não aconteceu. Como pôde ser isso? Não me era permitido caminhar livremente pelas ruas. Mesmo os rabinos mantinham distância de mim. Não me era permitido participar dos cultos na sinagoga. Não era bem-vindo nem ao menos em minha própria casa.

Eu era intocável. Era um leproso. E ninguém me tocava. Somente até o dia de hoje.

Fico imaginando a história desse homem porque na época do Novo Testamento a lepra era considerada a mais terrível doença. Tal condição trazia ao corpo um grande volume de úlceras, além de um profundo enfraquecimento. Os dedos, por exemplo, tornavam-se curvados e torcidos. A pele passava a ter manchas que perdiam a cor e cheiravam mal. Certos tipos de lepra tornavam os nervos insensíveis em suas extremidades, o que levava à perda de dedos, artelhos, e até mesmo pés e mãos inteiros. A lepra era uma doença que matava aos poucos, centímetro a centímetro.

As conseqüências sociais eram tão severas quanto as físicas. Considerados contagiosos, os doentes eram colocados em quarentena e banidos para uma colônia de leprosos.

Nas Escrituras, uma pessoa leprosa é símbolo da rejeição em último grau: infectada por uma circunstância que não buscou, rejeitada pelas pessoas que a conheceram, evitada por pessoas que não conheceu, condenada a um futuro que ela não poderá suportar. E na memória de cada pessoa banida, com certeza está gravado o dia em que foi obrigada a enfrentar a verdade: a vida nunca mais seria a mesma.

Certo ano, durante a colheita, percebi que estava mais fraco ao segurar a foice. As pontas de meus dedos haviam se tornado insensíveis, umas após outras. Em pouco tempo eu ainda podia segurar a ferramenta, porém, dificilmente senti-la. Ao final da estação, eu já não sentia nada. Era como se a mão segurando o cabo pudesse ser de outra pessoa — a capacidade de sentir se foi. Não disse nada a minha esposa, mas sabia que ela suspeitava de algo. Como é que ela não poderia suspeitar? Eu carregava a minha mão agarrada a meu corpo como um pássaro ferido.

Certa tarde, mergulhei minhas mãos em uma bacia com água a fim de lavar meu rosto. A água tornou-se vermelha. Um de meus dedos estava sangrando, e sangrando livremente. Eu nem mesmo sabia que havia me ferido. Como será que me cortei? Com uma faca? Será que minha mão deslizou pela borda afiada de algum utensílio de metal? Deve ter sido isso, mas não senti nada.

"Sua roupa também ficou suja", minha esposa disse com voz meiga. Ela estava atrás de mim. Antes de olhar para ela, olhei para as manchas carmesins em meu manto. Parecia que era a vez em que mais me demorara diante de uma bacia, olhando para a minha mão. De alguma maneira, eu sabia que a minha vida estava sendo alterada para sempre.

— Devo ir com você dizê-lo ao sacerdote? — ela perguntou.

— *Não* — *suspirei profundamente* — *irei só.*
Voltando meu olhar para ela, contemplei as lágrimas em seus olhos. Em pé, a seu lado, estava a nossa filha de três anos de idade. Agachando-me, fitei atentamente o seu rosto e carinhosamente afaguei sua face, sem dizer sequer uma palavra. O que é que eu poderia dizer? Coloquei-me em pé e olhei de novo para a minha esposa. Ela tocou o meu ombro e a minha mão sã, e eu toquei as mãos dela. Seria o nosso toque final.

Cinco anos se passaram, e ninguém havia me tocado desde então, até hoje. O sacerdote não me tocou. Ele olhou para minha mão, agora envolta em um trapo. Olhou para o meu rosto, sob a sombra da tristeza. Eu nunca atribuí a ele culpa ou falta pelo que disse. Ele estava apenas fazendo conforme fora instruído. Cobriu sua boca e, estendendo sua mão com a palma para frente, disse-me: "Você está imundo". Com apenas um pronunciamento, perdi minha família, minha fazenda, meu futuro, meus amigos.

Minha esposa encontrou-se comigo nos portões da cidade com um saco de roupas, com pão e algumas moedas. Ela não falava. Agora os amigos tinham compreendido. Aquilo que eu tinha visto nos olhos dela era uma antecipação do que passei a ver em cada olhar a partir de então: uma mistura de compaixão e medo. À medida que eu dava um passo para a frente, eles davam um passo na direção contrária. O horror que sentiam a respeito de minha doença era maior do que a sua preocupação pelos sentimentos do meu coração — então eles e todas as demais pessoas que vi a partir daquele momento davam um passo para trás.

O ato de banir um leproso parece cruel, até mesmo desnecessário. Contudo, o antigo Oriente não tem sido a única cultura a isolar os seus enfermos. Talvez não tenhamos construído colônias ou coberto nossas bocas diante deles, mas temos certamente construído paredes e desviado rapidamente nosso olhar. E uma pessoa não precisa sequer ter lepra para sentir-se em quarentena.

Uma de minhas recordações mais tristes envolve Jerry[1], meu colega na quarta série. Eu, ele, e outra meia dúzia de colegas estávamos sempre presentes de forma inseparável no *playground*. Um dia telefonei para a casa de Jerry para ver se podíamos brincar. O telefone foi atendido por uma voz maldizente e embriagada, que me dizia que Jerry não poderia vir naquele dia e em nenhum outro dia. Contei a meus amigos o que aconteceu. Um deles explicou que o pai de Jerry era alcoólatra. Não sei se naquela ocasião eu já conhecia o significado dessa palavra, mas aprendi rapidamente. Jerry, o menino que tinha a bicicleta vermelha, o meu amigo da esquina, era agora "Jerry, o filho de um bêbado". Crianças podem ser duras, e por alguma razão fomos duros com Jerry. Ele estava contaminado. Como o leproso, sofria com uma condição não criada por ele. Como o leproso, foi posto para fora da comunidade.

O divorciado conhece esse sentimento. O deficiente físico também. O desempregado já o sentiu, da mesma maneira que o de menor formação cultural. Alguns afastam-se das mães solteiras. Mantemos distância dos que sofrem depressão e evitamos os doentes terminais. Temos bairros para imigrantes, casas de convalescença para idosos, escolas para pobres, instituições para viciados e prisões para criminosos.

O restante das pessoas simplesmente tenta fugir de tudo isso. Somente Deus conhece quantos Jerrys estão em exílio voluntário — indivíduos vivendo vidas quietas e solitárias, infectados pelo medo da rejeição e pelas recordações da última vez que tentaram se integrar. Escolheram não mais ser tocados para evitar o risco de serem feridos novamente.

 Oh, que repulsa eu causava naqueles que me viam. Cinco anos de lepra deixaram minhas mãos torcidas. Já não tinha mais algumas das pontas de meus dedos, bem como porções de uma das orelhas e de meu nariz. Alguns pais, quando me viam, agarravam seus filhos. Mães cobriam as faces deles. Crianças apontavam para mim com olhos arregalados.

 Os farrapos sobre meu corpo não podiam esconder as minhas feridas. Nem mesmo o pano envolto em meu rosto podia esconder a ira que havia em meu olhar. Eu nem mesmo procurava ocultá-la. Quantas noites agitei meus punhos aleijados em direção ao silencioso céu? "O que é que eu fiz para merecer isto?" Mas nunca tive uma resposta.

 Algumas pessoas pensavam que eu havia pecado. Outras pensavam que meus pais haviam pecado. Não sei. Tudo que sei é que à medida que o tempo passava aquilo tudo me cansava muito: dormindo na colônia para leprosos, sentindo o mau cheiro. Sentia-me cansado do detestável sino que era obrigado a usar em volta de meu pescoço para alertar as pessoas sobre a minha presença. Como se isso fosse necessário. Bastava apenas um olhar e os gritos começavam: "Imundo! Imundo! Imundo!"

 Há várias semanas ousei caminhar pela estrada que leva à minha vila. Eu não tinha a intenção de entrar. O céu sabe que eu apenas queria olhar novamente os meus campos, contemplar o meu lar, e ver, quem sabe, a face de minha esposa. Eu não a vi. Porém, vi algumas crianças brincando em um gramado. Escondi-me atrás de uma árvore e fiquei observando como corriam e pulavam. Suas faces eram tão alegres e seus sorrisos tão contagiantes que por um momento, um breve momento, senti-me como se não fosse mais um leproso. Senti-me como um fazendeiro, como um pai, como um homem. Inspirado na alegria delas, saí detrás da árvore, coloquei-me em postura ereta, respirei profundamente... e elas me viram. Antes que eu pudesse me esconder novamente, elas me viram. E gritaram. Correndo, separaram-se. Contudo, uma delas demorou-se a seguir as outras. Fez uma pausa e olhou em minha direção. Não sei, e não posso afirmar, mas penso, realmente penso, que era a minha filha. E também não sei, não posso dizer com certeza, mas acho que estava procurando por seu pai.

Aquele olhar foi o que me fez dar este passo que dei hoje. Sem dúvida foi um passo arrojado. Arriscado, certamente. Mas o que eu tinha a perder? Ele chama-se a si mesmo de Filho de Deus. Ele ouvirá a minha queixa e me matará, ou aceitará a minha súplica e me curará. Estes eram os meus pensamentos. Aproximei-me dEle de um jeito desafiador. Não movido por fé mas por uma ira desesperadora. Deus havia permitido que uma calamidade alcançasse o meu corpo, e Ele era capaz tanto de curá-lo como de acabar com ele.

Então eu o vi, e quando o vi, fui transformado. Você deve estar lembrado, sou um fazendeiro e não um poeta, então não sou capaz de encontrar palavras para descrever o que vi. Tudo o que posso dizer é que as manhãs judaicas são tão refrescantes e o nascer do sol tão glorioso, que ao olhar para eles uma pessoa é capaz de se esquecer do calor do dia anterior e das feridas do passado. Quando olhei para a face dEle, vi um amanhecer judaico.

Antes que Ele falasse, percebi que se importava comigo. De alguma maneira percebi que odiava esta doença tanto quanto — porém não mais que — eu. Minha raiva foi transformada em confiança, e a minha ira tornou-se esperança.

Por detrás de uma rocha, vi quando Ele desceu uma montanha. Uma multidão de pessoas o seguia. Quando estava a apenas alguns passos de mim, saí detrás da rocha.

"Mestre!"

Ele parou e olhou em minha direção, como também dezenas de outras pessoas. Senti como se uma torrente de medo corresse pela multidão. Braços se agitavam em frente a rostos assustados. Crianças escondiam-se rapidamente por detrás dos pais. "Imundo!", alguém gritou. Uma vez mais, eu não os culpo. Eu era como uma massa moribunda. Porém, eu mal podia ouvi-los ou vê-los. Já tinha presenciado o seu pânico milhares de vezes. Sua compaixão, contudo, nunca pude contemplar. Todos deram um passo para trás, exceto Ele. Ele deu um passo em minha direção. Em minha direção.

Cinco anos atrás, minha esposa deu um passo em minha direção. Ela foi a última pessoa a fazê-lo. Agora Ele o fez. Eu não me movi. Apenas disse: "Senhor, se quiseres, podes tornar-me limpo". Se Ele tivesse me curado com uma palavra, eu teria me emocionado. Se Ele tivesse me curado através de uma oração, teria me alegrado. Mas Ele não ficou satisfeito por apenas falar comigo. Ele se aproximou, e me tocou. Há cinco anos minha esposa me tocou. Ninguém mais me tocara desde então. Até hoje.

"Quero". Suas palavras foram tão amorosas quanto o seu toque. "Sê limpo!" Seu poder inundou o meu corpo como água através de um campo arado. Num instante, senti calor onde outrora havia entorpecimento. Senti força onde antes tinha atrofia. Minhas costas endireitaram-se e minha cabeça foi levantada. Se antes eu só conseguia enxergar as coisas na altura de seu cinto, agora meus olhos contemplam sua face. Sua face sorridente.

Ele colocou as mãos sobre a minha face e trouxe-me para tão perto de si que eu podia sentir o calor de sua respiração e ver seus olhos úmidos. "Não o digas a alguém, mas vai, mostra-te ao sacerdote, e oferece a oferta que Moisés determinou, para lhes servir de testemunho".

Então é para lá que estou indo. *Mostrar-me-ei ao meu sacerdote e o abraçarei. Mostrar-me-ei à minha esposa e a abraçarei. Tomarei minha filha em meus braços e a abraçarei. Nunca me esquecerei daquEle que ousou tocar-me. Ele poderia ter me curado através de uma palavra. Mas Ele quis fazer mais do que me curar. Ele quis me honrar, dar-me dignidade para que eu tivesse um nome. Imagine isso.. indigno do toque humano, mas digno do toque de Deus.*

O PODER DO TOQUE DIVINO

Você sabe que não foi o toque que curou a enfermidade. Mateus foi cuidadoso ao mencionar que foi o pronunciamento de Cristo e não o seu toque que curou aquele homem. "E Jesus, estendendo a mão, tocou-o dizendo: Quero; sê limpo. E logo ficou purificado da lepra" (Mt 8.3).

A infecção foi banida através de uma só palavra de Jesus.

A solidão, contudo, foi tratada por um toque de Jesus.

Oh, que poder tem um toque vindo de Deus. Você já teve essa experiência? O médico que tratou de você, ou a professora que enxugou as suas lágrimas? Havia uma mão segurando a sua durante um funeral? Outra sobre o seu ombro durante uma provação? Um aperto de mãos de boas-vindas em um novo trabalho? A oração pastoral pedindo a sua cura? Já conhecemos o poder de um toque divino?

Somos capazes de oferecer o mesmo?

Muitos de vocês já são capazes. Alguns já possuem em si mesmos o toque que é capaz de curar. Você provavelmente já usa as suas mãos para orar sobre os enfermos e para ministrar aos fracos. Se não estiver tocando-os pessoalmente, quem sabe suas mãos estejam escrevendo cartas, discando números de telefones, preparando saborosas tortas. Você tem aprendido sobre o poder de um toque.

Mas outros entre nós tendem a esquecer. Nossos corações são bons; apenas nossas memórias não são boas. Esquecemos o quão significativo um toque é capaz de ser. Muitas vezes temamos dizer algo errado, usar o tom de voz errado ou agir de uma maneira errada. Então, ao invés de fazermos algo errado, não fazemos absolutamente nada.

Não nos sentimos felizes por Jesus não ter cometido a mesma falta que nós? Se o seu medo de fazer algo errado impede que você faça alguma coisa, mantenha em mente a perspectiva dos leprosos que existem no mundo. Eles não são pessoas que precisam ser carregadas. Eles não são enjoados ou exigentes. São apenas pessoas solitárias. São ansiosos por um toque divino.

Jesus tocou os intocáveis que existiam no mundo. Você está disposto a fazer o mesmo?

*E sede cumpridores da palavra e não somente ouvintes,
enganando-vos com falsos discursos. Porque,
se alguém é ouvinte da palavra e não cumpridor,
é semelhante ao varão que contempla ao espelho o seu
rosto natural; porque se contempla a si mesmo, e foi-se,
e logo se esqueceu de como era.*

Tiago 1.22-24

CAPÍTULO 4

Ouvindo a Música de Deus

Um coração pronto a ouvir

"*Aquele que tem ouvidos para ouvir, ouça*".
 Jesus disse essas palavras mais de uma vez. Por oito vezes somos lembrados nos Evangelhos e no livro do Apocalipse[1] que não basta apenas ter ouvidos — é necessário usá-los.

Em uma de suas parábolas[2] Jesus comparou nossos ouvidos ao solo. Ele contou sobre um fazendeiro que espalhava sementes (simbolizando a Palavra) em quatro diferentes tipos de terreno (simbolizando nossos ouvidos). Alguns de nós possuem ouvidos que são como uma estrada de ferro — não são receptivos à semente. Outros possuem ouvidos como um solo rochoso — ouvem a Palavra mas não permitem que ela crie raízes. Existem ainda outros que possuem ouvidos semelhantes a uma vereda silvestre — presença de uma forte vegetação e espinhos, e de uma intensa competição em torno da semente. E existem ainda aqueles que possuem ouvidos para ouvir: bem lavrados, com bom discernimento, e prontos a ouvir a voz de Deus.

Por favor, observe que a semente é a mesma nos quatro casos. O lavrador também é o mesmo. O que é diferente não é a mensagem e nem o mensageiro — é o ouvinte. E se neste exemplo a proporção for significativa, três quartos do mundo não estão ouvindo a voz de Deus. Seja a causa disso corações duros, vidas frívolas ou mentes inquietas, setenta e cinco por cento da humanidade está perdendo a mensagem.

Não é porque não tenhamos ouvidos; é porque não os utilizamos. As Escrituras sempre destacaram que existe um prêmio para aqueles que ouvem a voz de Deus. Na verdade, o grande mandamento de Deus, dado através de Moisés, começou com as palavras "Ouve, Israel, o Senhor nosso Deus é o único Senhor" (Dt 6.4). Neemias e seus homens foram elogiados porque estavam "atentos ao livro da lei" (Ne 8.3). "Bem-aventurado o homem que me dá ouvidos" é a promessa registrada em Provérbios 8.34. Jesus nos incentiva a urgentemente aprendermos a ouvir como as ovelhas: "As ovelhas ouvem a sua voz... e as ovelhas o seguem, porque conhecem a sua voz [do pastor]. Mas, de modo nenhum, seguirão o estranho; antes, fugirão dele, porque não conhecem a voz dos estranhos" (Jo 10.3-5). A cada uma das sete igrejas descritas no livro de Apocalipse, este assunto foi direcionado da mesma maneira: "Aquele que tem ouvidos, ouça o que o Espírito diz às igrejas".[3]

Nossos ouvidos, de maneira diferente de nossos olhos, não possuem pálpebras. Eles foram feitos para permanecerem abertos, mas observe o quão facilmente eles se fecham.

Minha esposa Denalyn e eu estávamos, há algum tempo, fazendo algumas compras para uma viagem. Encontramos o que queríamos em determinada loja e dissemos ao vendedor que antes de comprar visitaríamos outras lojas para comparar preços. Ele perguntou-me se eu gostaria de levar seu cartão. "Não; é fácil lembrar seu nome, Bob", argumentei. Ele respondeu: "Meu nome é Joe". Eu tinha escutado o homem falar, mas não tinha ouvido.

Pilatos também não ouviu. Ele possuía o clássico caso de ouvidos que não ouvem. Não apenas sua esposa o preveniu — "Não entres na questão desse justo, porque num sonho muito sofri por causa dele" (Mt 27.19) —, mas a própria Palavra da Vida estava diante de Pilatos, em seu tribunal, e proclamou: "Todo aquele que é da verdade ouve a minha voz" (Jo 18.37). Porém Pilatos ouvia seletivamente. Ele permitiu que a voz da multidão dominasse as vozes da consciência e do carpinteiro. "Mas eles instavam com grandes gritos, pedindo que fosse crucificado. E os seus gritos e os dos principais dos sacerdotes redobravam" (Lc 23.23). Ao final, Pilatos inclinou os seus ouvidos à voz da multidão, e não para o Cristo, ignorando assim a mensagem do Messias. "A fé é pelo ouvir" (Rm 10.17), e como Pilatos não ouvia, nunca encontrou a fé.

"Aquele que tem ouvidos para ouvir, ouça". Há quanto tempo você checou a sua capacidade de ouvir? Quando Deus lança a semente em seu caminho, qual tem sido o resultado? Posso fazer uma ou duas perguntas para testar o quão bem você está ouvindo a voz de Deus?

QUANTO TEMPO FAZ QUE VOCÊ DEIXOU QUE DEUS O TIVESSE BEM JUNTO DE SI?

Quero realmente dizer *ter* a você. Quanto tempo faz que você deu a Ele uma porção não diluída e ininterrupta de seu tempo para ouvir a sua voz? Jesus parecia fazer isso. Ele decidiu fazer um grande esforço para dedicar tempo para estar com Deus.

Gaste bastante tempo lendo a respeito da dedicação de Jesus em ouvir, e uma nova perspectiva emergirá em sua vida. Ele passava seu tempo na presença de Deus, orando e ouvindo, e fazia isso com regularidade. Marcos diz: "E levantando-se de manhã muito cedo, estando ainda escuro, saiu, e foi para um lugar deserto, e ali orava" (Mc 1.35). Lucas nos conta: "Porém ele retirava-se para os desertos e ali orava" (Lc 5.16).

Deixe-me perguntar o óbvio. Se Jesus, o Filho de Deus, o Salvador da humanidade que nunca pecou, entendia ser proveitoso abrir espaço em sua agenda para orar, não seria prudente fazermos o mesmo?

Ele não apenas dedicava tempo a Deus em oração, como também separava, com regularidade, tempo para a Palavra de Deus. É claro que não vamos encontrar Jesus tirando de seu alforje um Novo Testamento com uma capa de couro para lê-lo. Encontramos, entretanto, o impactante exemplo de Jesus em meio à acirrada tentação no deserto, usando a Palavra de Deus para vencer Satanás. Por três vezes Ele foi tentado, e em cada uma delas repeliu o ataque com a expressão "Está escrito" (Lc 4.4,8,12), citando a passagem apropriada.

Jesus possui tamanha familiaridade com as Escrituras que, além de conhecer os versículos, sabe como utilizá-los.

E então aconteceu, em determinada ocasião, que pediram que Jesus lesse na sinagoga. Ele tomou o livro do profeta Isaías, localizou determinado texto, leu-o e declarou: "Hoje se cumpriu esta Escritura em vossos ouvidos" (Lc 4.21). Vemos o quadro de uma pessoa que conhece a sua trajetória em toda a Escritura e é capaz de reconhecer o seu cumprimento. Se Jesus decidiu que crescer conhecendo a Bíblia é uma atitude prudente, não devemos fazer o mesmo?

Nós — que somos chamados para ser como Jesus e devemos ter ouvidos que ouçam a voz de Deus — então acabamos de encontrar dois hábitos que devemos imitar: os hábitos de orar e ler a Bíblia. Considere os seguintes versículos:

> Alegrai-vos na esperança, sede pacientes na tribulação, perseverai na oração (Rm 12.12).

> Aquele, porém, que atenta bem para a lei perfeita da liberdade, e nisso persevera, não sendo ouvinte esquecido, mas fazedor da obra, esse tal será bem-aventurado no seu feito (Tg 1.25).

Se quisermos ser tais qual Jesus, devemos regularmente dedicar tempo para falar com Deus e ouvir a sua Palavra.

O SUBSTITUTO ESPIRITUAL

Espere um minuto. Não faça isso. Sei exatamente o que alguns de vocês estão fazendo. Estão me desligando, parando de ler o meu livro. "Lucado está falando sobre devocionais diários, certo? É uma boa ocasião para que eu faça uma pausa mental e vá até a geladeira ver o que temos para comer".

Posso compreender a sua relutância. Alguns de nós têm procurado por uma ocasião tranqüila todos os dias, mas sem sucesso. Outros têm o horário muito apertado. E todos estamos muito ocupados. Então, ao invés de gastarmos tempo com Deus, ouvindo a sua voz, vamos deixar que outros gastem esse tempo na presença dEle, enquanto nós nos beneficiamos da experiência dessas pessoas. Vamos deixar que elas nos digam o que Deus está dizendo. Afinal de contas, não é por isso que temos pregadores? Não é por essa razão que lemos livros cristãos? "Essas pessoas são boas quando o assunto é devocional diário. Vou aprender com elas". Se essa é a sua maneira de pensar, se suas experiências espirituais estão em segundo plano e não em primeiro, gostaria de desafiá-lo com o seguinte pensamento: Você age da mesma maneira em outras áreas que dizem respeito à sua vida? Creio que não.

Você não faz assim com suas férias. Você não diz: "As férias não me agradam, sempre consistem em fazer as malas e viajar. Vou enviar alguém de férias em meu lugar. Quando essa pessoa voltar, vou ouvi-la contar tudo sobre a viagem, então serei poupado de todos os possíveis incômodos". Você faria isso? Não! Você quer ter essa experiência em primeira mão. Ver as paisagens por si mesmo e também desfrutar o seu descanso. Existem coisas que ninguém pode fazer por você.

Você não age assim em sua vida amorosa. Não diz: "Estou amando aquela pessoa maravilhosa, mas não gosto de romances. Contratarei um substituto para que desfrute o romance por mim. Depois ouvirei tudo a respeito, e me pouparei dos incômodos". Você faria isso? Nem pensar. Você mesmo quer viver o seu romance. Não quer perder uma palavra ou um encontro, e certamente não quer perder nenhum beijo, certo? Existem coisas que ninguém pode fazer por você.

Você não permite que alguém se alimente por você, permite? Você não diz: "Mastigar é um incômodo. Meu maxilar fica tão cansado, e a variedade de sabores é tão enfadonha. Contratarei alguém para mastigar minha comida, e engolirei o que quer que essa pessoa me dê". Você faria isso? Claro que não! Existem coisas que ninguém pode fazer por você.

E uma delas é dedicar tempo a Deus.

Ouvir Deus falar é uma experiência que você precisa desfrutar por si mesmo. Quando Ele pede a sua atenção, Deus não quer que você envie um substituto; Ele quer *você*. Ele convida *você* para tirar férias em sua majestade. Ele convida *você* para sentir o toque de sua mão. Ele convida *você* para se banquetear à mesa dEle. Ele quer dedicar tempo a *você*. E assim que começar a fazer isso, seu tempo com Deus passará a ser a melhor parte de seu dia.

Um amigo meu casou-se com uma cantora de ópera. Ela tem voz de soprano e ama os concertos. Passou seus anos de colégio no departamento de música e suas mais recentes lembranças referem-se a teclados e apresentações de corais. Ele, por sua vez, aprecia mais os jogos de futebol das segundas-feiras à noite e música sertaneja. Ele também ama a sua esposa, e então, em determinadas ocasiões, assiste a algum concerto de ópera. Ambos se sentam lado a lado no mesmo auditório e ouvem a mesma música, mas apresentam duas reações completamente diferentes àquilo que estão ouvindo. Ele dorme e ela chora.

Acredito que a diferença vá além de mero gosto. É uma questão de treino. Ela passou horas aprendendo a apreciar a arte da música. Ele nunca dedicou sequer uma hora a esse assunto. Os ouvidos dela são tão sensíveis quanto um contador de micropartículas, um contador Geiger. Ele não é capaz de diferenciar um *staccato* de um *legato*. Mas está tentando. A última vez que conversamos sobre os concertos, contou-me que está tratando de manter-se acordado. Provavelmente nunca terá o mesmo ouvido de sua esposa, porém, com o passar do tempo, aprenderá a ouvir e apreciar a música.

APRENDENDO A OUVIR

Acredito que nós também sejamos capazes. Equipados com as ferramentas corretas, somos capazes de aprender a ouvir a

Deus. Que ferramentas são essas? Aqui estão algumas que achei úteis.

Um tempo e um lugar habituais. Selecione um espaço em sua agenda e um ambiente adequado, e dedique-os a Deus. Para algumas pessoas será mais conveniente a parte da manhã. "De madrugada te envio a minha oração" (Sl 88.13). Outros preferem o período da tarde e se encaixam na oração de Davi: "Suba a minha oração... e seja o levantar das minhas mãos como o sacrifício da tarde" (Sl 141.2). Outros ainda preferem vários encontros durante o dia. Aparentemente, o autor do Salmo 55 era um desses. Ele escreveu: "De tarde, e de manhã, e ao meio-dia, orarei; e clamarei..." (v.17).

Alguns preferem sentar-se debaixo de uma árvore, outros na cozinha. Talvez para você seja mais apropriado trocar algum horário de trabalho, ou usar o seu intervalo para o almoço. Encontre um horário e um lugar que lhe sejam adequados.

Quanto tempo você deve dedicar? O quanto for necessário. Valorize mais a qualidade do que o tempo gasto. O seu tempo na presença de Deus deverá ser suficiente para que você diga a Ele o que deseja dizer, e para que Deus diga o que Ele quer dizer.

Isso nos leva à segunda ferramenta necessária — *uma Bíblia aberta.*

Deus fala conosco através da sua Palavra. O primeiro passo ao ler a Bíblia é pedir a Deus que o ajude a compreendê-la. "Mas aquele Consolador, o Espírito Santo, que o Pai enviará em meu nome, vos ensinará todas as coisas e vos fará lembrar de tudo quanto vos tenho dito" (Jo 14.26).

Antes de ler a Bíblia, ore. Não se dirija às Escrituras procurando justificar as próprias idéias; procure entender o pensamento de Deus.

Leia a Bíblia em espírito de oração. Leia também a Bíblia cuidadosamente. Jesus nos disse: "Buscai, e encontrareis" (Mt 7.7). Deus recomenda que meditemos "na sua lei... de dia e de noite" (Sl 1.2). A Bíblia não é um jornal para que seja lido superficialmente, mas uma mina que deve ser explorada. "Se como a prata a buscares e como a tesouros escondidos a procurares, então entenderás o temor do Senhor, e acharás o conhecimento de Deus" (Pv 2.4,5).

Eis aqui um ponto prático. Estude a Bíblia um pouco por vez. Parece que Deus envia mensagens como enviou o seu maná: a porção suficiente para aquele dia. Ele providencia "um mandamento aqui, outro mandamento lá. Uma regra aqui, outra regra lá. Uma lição aqui, outra lição lá" (Is 28.10, livre tradução). Escolha a profundidade ao invés da quantidade. Leia até que um versículo "impacte" você, e então pare e medite nele. Copie o versículo em uma folha de papel ou escreva-o em seu diário, e medite nele várias vezes.

Em determinada manhã, por exemplo, eu havia lido apenas quatro versículos do capítulo 18 de Mateus quando escrevi a seguinte frase: "Portanto, aquele que se tornar humilde como esta criança, esse é o maior no Reino dos céus". Não precisei ir adiante. Copiei as palavras em meu diário e as considerei várias vezes ao longo do dia. Em alguns momentos perguntei a Deus: "Como posso tornar-me semelhante a uma criança?" Ao final do dia, eu fui lembrado de minha tendência à precipitação e de minha inclinação às preocupações.

Será que aprenderei que Deus tem os seus planos? Se estiver disposto a ouvir, certamente aprenderei.

Não se sinta desencorajado se tiver a impressão que tem colhido pouco através de sua leitura. Em determinados dias, uma porção menor já satisfaz todas as nossas necessidades. A mãe de uma garota, após o primeiro dia de aula de sua filhinha, perguntou: "Você aprendeu algo?" "Acho que não", respondeu a menina. "Terei que voltar amanhã, e depois de amanhã, e depois de amanhã..."

Este é o caso quando estamos aprendendo. Também é assim quando se trata de estudar a Bíblia. A compreensão vem pouco a pouco durante toda a nossa vida.

Existe uma terceira ferramenta que nos ajuda a estabelecer um tempo produtivo na presença de Deus. Necessitamos não apenas dedicar tempo regularmente e também ter uma Bíblia aberta, mas também precisamos ter *um coração que ouça*.

Não se esqueça da admoestação de Tiago: "Aquele, porém, que atenta bem para a lei perfeita da liberdade, e nisso persevera, não sendo ouvinte esquecido, mas fazedor da obra, esse tal será bem-aventurado no seu feito" (Tg 1.25).

Sabemos que estamos ouvindo o que Deus tem nos dito quando o que lemos na Bíblia coincide com o que as outras pessoas vêem em nossa vida. Talvez você já tenha ouvido a história do rapaz nada brilhante que viu a propaganda de um cruzeiro marítimo. Lia-se no cartaz afixado na janela da agência de viagens: "Cruzeiro — $ 100 à vista".

"Eu tenho cem dólares", ele pensou. "E gostaria de fazer esse cruzeiro".

Então entrou na agência e declarou ao atendente o seu desejo de fazer aquela viagem. Foi-lhe solicitado o dinheiro, e o rapaz nada brilhante começou a contar as notas. Quando atingiu cem, foi fortemente golpeado na cabeça, perdeu os sentidos e caiu no chão. Quando acordou, estava boiando dentro de um barril, rio abaixo. Outro ingênuo, em outro barril, ao passar por ele perguntou: "Diga-me, eles servem almoço neste cruzeiro?" O nada brilhante rapaz respondeu: "No ano passado não serviram".

Uma coisa é não saber. Outra é saber e não aprender. Paulo incentivou com urgência que seus leitores colocassem em prática aquilo que aprenderam com ele. "O que também aprendestes, e recebestes, e ouvistes, e vistes em mim, isso fazei" (Fp 4.9).

Se quiser ser simplesmente como Jesus, permita que a sua vida pertença a Deus. Gaste tempo ouvindo-o até que receba dEle a lição para aquele dia — então aplique-a.

Tenho outra pergunta para checar a sua capacidade de ouvir. Leia e veja como você está.

QUANTO TEMPO FAZ QUE VOCÊ DEIXOU QUE DEUS O AMASSE?

Minhas filhas estão muito velhas para isso agora, mas quando eram crianças — ainda no berço, usando fraldas — eu chegava em casa, gritava seus nomes e as via correr em minha direção com os bracinhos estendidos e dando gritinhos agudos. Durante os momentos seguintes falaríamos a linguagem do amor. Rolaríamos pelo chão, brincaríamos de bater barrigas e fazer cócegas, sorriríamos e nos divertiríamos. Nós nos deleitávamos com a presença uns dos outros. Elas não me pediam nada, exceto "Papai, vamos brincar". Eu também não demandava nada delas, exceto "Não batam no papai com o martelo".

Minhas filhas deixaram que eu as amasse.

Suponha, no entanto, que elas tivessem se aproximado de mim como freqüentemente nos aproximamos de Deus. "Ei, papai, estou contente porque você chegou. Aqui está o que eu quero. Mais brinquedos. Mais doces. E podemos ir à Disneilândia neste verão?"

"Alto lá!", eu teria vontade de dizer. "Não sou um garçom, e isto não é um restaurante. Sou o pai de vocês, e esta é a nossa casa. Por que é que não sobem no colo do papai e me deixam dizer o quanto as amo?"

Já lhe ocorreu que Deus deve ter vontade de fazer o mesmo com você? "Oh, Ele não diria isso para mim". Não diria? Então para quem foi que Ele estava falando quando disse: "Com amor eterno te amei" (Jr 31.3)?

Será que Ele estava brincando conosco quando disse: "[Nada] nos poderá separar do amor de Deus, que está em Cristo" (Rm 8.39)? Enterrada nas minas raramente exploradas dos profetas menores, está a seguinte jóia:

> Pois o Eterno, o seu Deus, está com vocês; ele é poderoso e os salvará. Deus ficará contente com vocês e por causa do seu amor lhes dará nova vida. Ele cantará e se alegrará, como se faz num dia de festa (Sf 3.17, BLH, Bíblia na Linguagem de Hoje).

Não se apresse na leitura deste versículo. Leia-o novamente e prepare-se para uma surpresa.

> Pois o Eterno, o seu Deus, está com vocês; ele é poderoso e os salvará. Deus ficará contente com vocês e por causa do seu amor lhes dará nova vida. Ele cantará e se alegrará, como se faz num dia de festa (Sf 3.17, BLH).

Observe quem ocupa a posição ativa e quem a passiva. Quem está cantando? Quem está se alegrando pela pessoa amada e quem está sendo o motivo dessa alegria?

Temos a tendência de pensar que somos os cantores e que Deus é o motivo de nosso canto. Com certeza, isso é freqüentemente o que ocorre. Mas tudo indica que existem ocasiões em que Deus deseja que nós estejamos quietos e (que pensamento maravilhoso!) deixemos que Ele cante, sendo nós o motivo de sua canção.

Posso ver sua cara de incredulidade. Você diz que não é merecedor de tal afeição? Judas também não era, mas Jesus lavou-lhe os pés. Pedro também não era, mas certa vez Jesus preparou o café da manhã para ele. Também não eram merecedores os dois discípulos no caminho de Emaús, mas Jesus separou tempo para sentar-se à mesa deles.

Além disso, quem somos nós para determinar se somos dignos? Nossa parte é simplesmente estar calados durante tempo suficiente para permitir que Ele nos tome em seus braços e nos ame.

VOCÊ É CAPAZ DE OUVIR A MÚSICA?

Vou concluir este capítulo contando uma história que você já ouviu antes, embora ainda não a tenha ouvido da maneira que vou contar. Mas você já a ouviu, com certeza, porque faz parte dela. Você é um dos personagens. É a história dos dançarinos que não tinham música.

Poderia imaginar como isso deve ser difícil? Dançar sem música? Dia após dia eles vêm ao grande salão localizado na esquina das ruas Main e Broadway. Trouxeram as suas esposas. Trouxeram os seus maridos. Trouxeram seus filhos e suas esperanças. Eles vieram para dançar.

O auditório estava preparado. Galhardetes amarrados, tigelas de ponche cheias. As cadeiras foram colocadas contra as paredes. As pessoas iam chegando e se sentando, sabendo que tinham vindo para dançar, mas não sabiam como porque não havia música. Havia balões e bolo. Tinha até mesmo um palco sobre o qual músicos poderiam tocar, porém não havia músicos.

Em determinado momento, um rapaz magro e alto declarou ser músico. Ele realmente parecia ter talento, com a sua barba comprida e seu violino bem cuidado. Todos se colocaram em pé quando ele tirou o violino do estojo e o colocou debaixo de seu queixo. "Agora vamos dançar", pensaram, mas estavam errados. Porque embora ele tivesse um violino, seu instrumento não tinha cordas. Quando o rapaz empurrava e puxava o arco de seu violino, o som extraído era semelhante ao ranger de uma porta não lubrificada. Quem é que pode dançar com um som como esse? Então as pessoas que se posicionaram para dançar tomaram novamente seus assentos.

Alguns tentaram fazê-lo sem música. Uma das esposas conseguiu convencer o marido a tentar, e entraram na pista de dança, ela dançando à sua maneira e ele à dele. Ambos os esforços foram dignos de elogios — porém longe de serem compatíveis. Ele dançou algum tipo de "tango sem parceiro", enquanto ela girava como uma bailarina. Uns poucos tentaram seguir a idéia do casal, mas como o exemplo deles não tinha dado muito certo, eles já não sabiam como prosseguir. O resultado foi uma dúzia ou mais de dançarinos sem música, indo de um lado para outro, chocando-se acidentalmente, fazendo com que mais de um observador buscasse um lugar seguro atrás de alguma cadeira.

Com o passar do tempo, contudo, os dançarinos ficaram cansados, e cada um resumiu sua tarefa a sentar-se e observar atentamente, imaginando se algo aconteceria. Então um dia aconteceu.

Nem todos o viram entrar. Poucos apenas. Nenhum detalhe em sua aparência poderia chamar a atenção de alguém. Seu aspecto físico era comum, mas a sua música não. Começou a cantar uma canção suave e doce, agradável e envolvente. Sua música tirou a friagem do ar e trouxe aos corações um resplandecente pôr-do-sol de verão.

À medida que ele cantava, as pessoas se colocavam em pé — a princípio poucos, e então muitos — e começaram a dançar. Juntas, dançaram uma música que jamais tinham ouvido.

Alguns, contudo, permaneceram sentados. Que tipo de músico é esse que nunca sobe ao palco? Que não traz uma banda? Que não se apresenta a caráter? Como pode ser isso? Os músicos não chegam simplesmente da rua e vão entrando! Eles possuem uma comitiva, uma reputação, uma imagem para projetar e proteger. Como pode ser isso? Este raramente menciona o seu próprio nome!

"Como podemos saber se aquilo que você canta é de fato música?", desafiaram. A resposta dele foi: "Deixe que aqueles que possuem ouvidos para ouvir, os utilizem".

Os que não estavam dançando, porém, recusaram-se a ouvir. Então recusaram-se a dançar.

Muitos ainda se recusam. O músico vem e canta. Alguns dançam. Outros não. Alguns encontram música para a vida toda; outros vivem em silêncio. Para os que perdem a oportunidade de desfrutar a música, o músico oferece o mesmo apelo:

"Deixe que aqueles que possuem ouvidos para ouvir, os utilizem".

Um tempo e um lugar habituais.
Uma Bíblia aberta.
Um coração aberto.

Permita que Deus o tenha bem junto de si, e permita que Ele o ame — e não fique surpreso se o seu coração começar a ouvir uma música nunca antes ouvida, e se os seus pés aprenderem a dançar como nunca dantes.

Eu neles, e tu em mim, para que eles sejam perfeitos em unidade, e para que o mundo conheça que tu me enviaste a mim, e que tens amado a eles como me tens amado a mim.

João 17.23

CAPÍTULO 5

GUIADO POR UMA MÃO INVISÍVEL

Um coração inebriado da presença de Deus

É, de fato, um dia maravilhoso quando paramos de trabalhar para Deus e começamos a trabalhar com Deus. (Continue, leia esta frase novamente).

Durante muitos anos vi Deus como um compassivo presidente de uma empresa, e encarava o meu papel como o de um leal representante de vendas. Ele tinha o seu escritório, e eu tinha o meu território. Eu poderia entrar em contato com Ele quantas vezes quisesse. Ele estava sempre tão próximo quanto uma ligação telefônica ou a transmissão de um fax. Ele me encorajava, coordenava todas as coisas e me dava apoio, porém não ia comigo. Pelo menos eu pensava que não ia. Então um dia li na Bíblia uma passagem em 2 Coríntios 6.1, que diz: "E nós, cooperando também com ele..."

Cooperando com Ele? Colaboradores? Deus e eu trabalhamos juntos? Imagine a mudança de paradigma que esta verdade cria. Ao invés de apenas nos reportarmos a Deus, trabalhamos com Deus. Ao invés de nos hospedarmos com Ele e depois partirmos, hospedamo-nos com Ele e o acompanhamos. Estamos sempre na presença de Deus. Nunca estamos fora da igreja. Não existe momento que não seja sagrado. A presença dEle nunca diminui. Nossa consciência com relação à sua presença pode falhar, mas a realidade de sua presença nunca muda.

Isso me leva a uma grande pergunta. Se Deus está perpetuamente presente, é possível desfrutar uma comunhão ininterrupta com Ele? No capítulo anterior discutimos a importância de separar, diariamente, tempo para estarmos na presença de Deus. Vamos dar um passo adiante nesse raciocínio. Um passo gigante. Como seria se nossa comunhão diária nunca terminasse? Seria possível viver — minuto após minuto — na presença de Deus? Será que tal intimidade é possível? Um homem que se dedicou a tratar essas questões escreveu:

> Será possível termos aquele contato com Deus o tempo inteiro? Durante o tempo todo em que estamos acordados, e depois dormir nos braços dEle, e novamente acordar em sua presença? Somos capazes de alcançar isso? Somos capazes de fazer a vontade dEle o tempo todo? Somos capazes de pensar como Ele o tempo todo?... Será que sou capaz de trazer o Senhor à minha memória em pequenos intervalos, de tal maneira que Deus esteja sempre em meu pensamento? Escolhi fazer do resto de minha vida uma experiência em resposta a esta questão".[1]

Estas palavras foram encontradas no diário de Frank Laubach. Nascido nos Estados Unidos em 1884, tornou-se um missionário entre pessoas analfabetas, ensinando-as a ler para que pudessem conhecer a beleza das Escrituras. O que me fascina a respeito desse homem, contudo, não é o seu ensino. Fico fascinado por sua capacidade de ouvir. Não satisfeito com a sua própria vida espiritual, com a idade de quarenta e cinco anos Laubach resolveu viver em "contínuo diálogo interno com Deus e em perfeita receptividade à vontade dEle".²

Descreveu a sua experiência em forma de crônica, a partir de 30 de janeiro de 1930, em seu próprio diário. As palavras de Laubach me inspiraram tanto, que incluí neste capítulo algumas passagens chave. Ao lê-las, tenha em mente que elas não foram escritas por um monge dentro de um mosteiro, mas por um instrutor muito ocupado e dedicado. Por ocasião de sua morte, em 1970, Laubach e suas técnicas de educação já eram conhecidas em quase todos os continentes. Ele era bastante respeitado e uma pessoa muito viajada. O desejo de seu coração não era receber reconhecimento, mas possuir uma comunhão ininterrupta com o Pai.

> 26 DE JANEIRO DE 1930: Estou sentindo Deus a cada movimento, por um ato de vontade — desejando que Ele dirija estes dedos que agora escrevem através desta máquina de escrever — com o anseio de que Ele se manifeste através de meus passos enquanto ando.

> 1º DE MARÇO DE 1930: A sensação de estar sendo conduzido por uma mão invisível que segura a minha, enquanto outra mão estende-se adiante e prepara o caminho, cresce em mim a cada dia... Isso às vezes requer um longo período da manhã. Determino não me levantar de minha cama até que esteja de acordo com aquele posicionamento mental a respeito de Deus.

> 18 DE ABRIL DE 1930: Tenho experimentado uma emocionante comunhão com Deus, a qual tem feito com que eu sinta aversão a tudo o que não esteja de acordo com Ele. Durante esta tarde, a presença de Deus surpreendeu-me com a mais absoluta alegria, a ponto de pensar que nunca conheci nada igual. Deus estava tão

próximo e tão maravilhosamente amável, que me senti completamente derretido, com uma felicidade e uma satisfação nunca dantes experimentadas. Após esta experiência, que agora me sobrevém várias vezes durante a semana, a imundícia causa-me repulsa, porque conheço o poder que ela possui para me arrastar para longe da presença de Deus. E após uma hora de íntima comunhão com Deus, minha alma se sente limpa, como a neve que acabou de cair.

14 DE MAIO DE 1930: Oh, este hábito de manter-me em constante contato com Deus, de fazer dEle o objeto de meu pensamento e o companheiro de minhas conversas é a coisa mais extraordinária que já experimentei. E está funcionando. Não posso fazê-lo nem mesmo por meio dia — ainda não, mas creio que em breve o farei durante o dia todo. É uma questão de adquirir um novo modo de pensar.

24 DE MAIO DE 1930: Manter-me concentrado em Deus é um trabalho árduo, mas todas as demais coisas também deixaram de ser tão difíceis. Agora penso mais claramente, e não me esqueço das coisas com tanta freqüência. Coisas que eu outrora fazia e me deixavam extenuadas, agora faço com facilidade e sem qualquer esforço. Nada mais me preocupa, e não perco mais o sono. Durante uma boa parte de meu tempo, sinto-me andando no ar. Até mesmo o espelho revela uma nova luz em meus olhos e em minha face. Não me sinto mais ansioso por coisa alguma. Tudo vai bem. Encontro-me calmo a cada minuto, como se cada minuto não fosse importante. Nada pode dar errado exceto uma coisa. É que Deus pode escapar de minha mente.

1º DE JUNHO DE 1930: Ah, Deus, que nova proximidade isso traz para ti e para mim, estar consciente de que tu sozinho és capaz de compreender-me, porque tu somente conheces todas as coisas! Não és mais um estranho, Deus! És o único Ser no universo que pode ser completamente conhecido! Estás dentro de todo o meu ser — comigo, aqui... Significa que nenhuma luta esta noite ou amanhã, como nunca houve, nem uma vez, seria capaz de afastar-te. Porque quando te perco por uma hora, sofro uma perda. Aquilo que tu farias, só poderia ser feito estando tu no controle o tempo todo.

Segunda-feira passada foi o dia mais bem-sucedido de toda a minha vida. Consagrei todo o meu dia a fazer uma completa entrega a Deus... Lembro-me de como olhava para as pessoas com um amor dado por Deus, e em resposta as pessoas me olhavam e agiam como se quisessem seguir-me. Pude então sentir que por um dia vi um pouco do maravilhoso impulso que Jesus possuía, quando andava dia após dia "inebriado da presença de Deus", e radiante com a comunhão interminável de sua alma com Deus.[3]

O que você pensa sobre a atitude de Frank Laubach? Como você responderia às suas perguntas? *Será possível termos aquele contato com Deus o tempo inteiro? Durante o tempo todo em que estamos acordados, e depois dormir nos braços dEle, e novamente acordar em sua presença?* Podemos atingir isto?

Esta meta é realista? É alcançável? Ou você acha que a idéia de uma comunhão constante com Deus beira o fanatismo ou representa uma atitude extrema? Seja qual for a sua opinião sobre a atitude de Laubach, deverá concordar com a observação dele, quando disse que Jesus desfrutava uma comunhão ininterrupta com Deus. E se nós quisermos ser simplesmente como Jesus, você e eu devemos fazer o mesmo.

O TRADUTOR DE DEUS

O relacionamento entre Jesus e Deus era muito mais profundo do que um encontro diário. O nosso Salvador estava sempre atento à presença de seu Pai. Ouça as palavras dEle:

> Na verdade, na verdade vos digo que o Filho por si mesmo não pode fazer coisa alguma, se o não vir fazer ao Pai, porque tudo quanto ele faz, o Filho o faz igualmente (Jo 5.19).
>
> Eu não posso de mim mesmo fazer coisa alguma; como ouço, assim julgo (Jo 5.30).
>
> Estou no Pai, e o Pai em mim (Jo 14.11).

Jesus mostrou claramente que Ele não agia a menos que visse seu Pai agir. Ele não julgava até que ouvisse seu Pai julgar. Nenhum ato ou feito acontecia sem a direção de seu Pai. Suas palavras possuem o som de um tradutor.

Durante algumas poucas ocasiões no Brasil, servi como intérprete para uma pessoa que falava inglês. Ele colocou-se em pé diante do auditório e tinha uma mensagem a pregar. Fiquei em pé a seu lado, equipado com o conhecimento do idioma. O meu trabalho era transmitir a sua história para os ouvintes. Fiz o melhor que pude para permitir que as palavras dele fluíssem por meu intermédio. Eu não tinha a liberdade de embelezar ou subtrair. Quando ele fazia um gesto, eu também o fazia. À medida que o volume da voz dele aumentava, o meu também. Quando ele ficava quieto, eu também ficava.

Quando andava por esta terra, Jesus "traduzia" Deus durante todo o tempo. Quando Deus falava mais alto, Jesus também falava mais alto. Quando Deus fazia algum gesto, Jesus fazia o mesmo. Ele estava em tão perfeita sintonia com o Pai, que pôde declarar: "Estou no Pai e o Pai em mim" (Jo 14.11). É como se Ele estivesse ouvindo uma voz que as outras pessoas não ouviam.

Testemunhei algo parecido certa vez em um avião. Eu ouvia continuamente explosões de risadas. O vôo estava turbulento e muito agitado, o que é dificilmente um motivo para humor. Porém, uma pessoa atrás de mim estava rindo muito. Ninguém mais, apenas ele. Finalmente, virei-me para ver o que era tão divertido. Ele estava usando fones de ouvido, e aparentemente ouvia um comediante. Por poder escutar o que eu não podia escutar, ele agiu de uma maneira diferente da minha.

O mesmo é verdadeiro em relação a Jesus. Por ser capaz de ouvir o que outros não eram capazes, Ele agia de uma maneira diferente das outras pessoas. Lembra-se da ocasião em que todos se perturbaram por causa do homem que nasceu cego? Jesus não. De alguma maneira Ele sabia que a cegueira poderia revelar o poder de Deus (Jo 9.3). Lembra-se de quando todos estavam agitados a respeito da doença de Lázaro? Jesus não estava. Ao invés de apressar-se para visitar o amigo que se encontrava no leito de enfermidade, disse: "Esta enfermidade não é para morte, mas para glória de Deus, para que o Filho de Deus seja glorificado por ela" (Jo 11.4). Era como se Jesus fosse capaz de ouvir algo que ninguém mais fosse capaz de ouvir. Como seria possível um relacionamento ser mais íntimo? Jesus possuía uma comunhão ininterrupta com seu Pai.

Você acredita que o Pai deseja o mesmo para nós? Sim, é absolutamente verdade. Paulo diz que fomos predestinados para sermos "conforme a imagem de seu Filho" (Rm 8.29). Deixe-me lembrá-lo: Deus o ama da maneira que você é, mas Ele se recusa a deixá-lo do mesmo jeito. Ele quer que você seja simplesmente como Jesus. Deus deseja ter com você a mesma intimidade que tinha com seu Filho.

CENAS DE INTIMIDADE

Deus usa várias ilustrações para descrever o relacionamento que Ele antevê. Uma delas alude a uma videira e uma vara.

> Eu sou a videira, vós as varas; quem está em mim, e eu nele, esse dá muito fruto; porque sem mim nada podereis fazer... Se vós estiverdes em mim, e as minhas palavras estiverem em vós, pedireis tudo o que quiserdes, e vos será feito (Jo 15.5,7)

Deus deseja estar tão perto de nós quanto a vara está próxima à videira. Uma é a extensão da outra. É impossível dizer onde uma começa e a outra termina. A vara não é conectada apenas no momento de dar frutos. O lavrador não guarda as varas em uma caixa e então, no dia em que ele quiser uvas, as cola na videira. Não, a vara constantemente alimenta-se da videira. A separação significa morte certa.

Deus também usa a figura do templo para representar a intimidade que Ele deseja. "Ou não sabeis", Paulo escreve, "que o vosso corpo é o templo do Espírito Santo, que habita em vós, proveniente de Deus...?" (1 Co 6.19). Pense comigo sobre o templo, por um momento. Deus era um visitante ou habitava no templo de Salomão? Você descreveria a presença dEle como ocasional ou permanente? Você conhece a resposta. Deus não vinha para depois ir embora, não aparecia e então desaparecia. Ele estava continuamente presente, sempre disponível.

Que incríveis boas-novas para nós! Nunca estamos fora da presença de Deus! Ele nunca se afasta de nós — nem sequer por um momento! Deus não vem a nós aos domingos de manhã e vai embora aos domingos à tarde. Ele permanece dentro de nós, sempre presente em nossas vidas.

A analogia bíblica do casamento é a terceira cena que ilustra sua verdade encorajadora. Não somos nós a noiva de Cristo? (Ap 21.2). Não estamos unidos a Ele? (Rm 6.5). Não fizemos promessas a Ele; não fez Ele promessas a nós?

O que implica nosso casamento com Jesus no tocante ao seu desejo de ter comunhão conosco? O seguinte: a comunicação nunca é interrompida. Em um lar feliz o marido não conversa com a esposa apenas quando quer algo dela. Ele não surge de repente apenas quando deseja uma boa refeição, uma camisa limpa ou um pouco de romance. Se ele assim fizesse, o lar já não seria mais um lar — mas sim um bordel que serve comida e lava roupas.

Os casamentos saudáveis possuem um senso de "continuidade". O marido continua na esposa, e a esposa continua no marido. Existe uma ternura, uma honestidade, uma comunicação permanente. O mesmo se aplica em nosso relacionamento com Deus. Algumas vezes vamos a Ele com nossas alegrias, e algumas vezes vamos com nossas feridas, porém sempre vamos. E à medida que vamos, e quanto mais o fazemos, mais nos tornamos parecidos com Ele. Paulo diz que estamos sendo transformados "de glória em glória" (2 Co 3.18).

Pessoas que vivem juntas muito tempo conseqüentemente começam a ter um mesmo tom de voz, a conversar da mesma maneira, e até mesmo a pensar da mesma maneira. À medida que andamos com Deus, passamos a ter os seus pensamentos, os seus princípios, as suas atitudes. Nós assumimos o coração dEle.

E assim como no casamento, a comunhão com Deus não é um peso. Na verdade, é um prazer. "Quão amáveis são os teus tabernáculos, Senhor dos Exércitos! A minha alma está anelante e desfalece pelos átrios do Senhor; o meu coração e a minha carne clamam pelo Deus vivo" (Sl 84.1,2). O nível de comunicação é tão doce que nada pode ser comparado a isto. Laubach escreveu:

> Minha ocupação é olhar para a face de Deus até que eu sofra de tanta felicidade... Agora amo tanto a presença de Deus que quando Ele escapa de minha mente, ainda que por meia hora — como faz muitas vezes durante o dia — sinto-me como se o tivesse deixado, e como se tivesse perdido algo muito precioso em minha vida. (3 de março de 1931; 14 de maio de 1930)[4]

Poderíamos considerar uma última analogia da Bíblia? Que tal aquela das ovelhas com o pastor? Muitas vezes as Escrituras nos chamam de rebanho de Deus. "... nos fez povo seu e ovelhas do seu pasto" (Sl 100.3). Não é necessário conhecer muito sobre ovelhas para saber que o pastor nunca deixa o rebanho. Se virmos um rebanho descendo por uma vereda, saberemos que o pastor está perto. Se virmos um cristão ali adiante, poderemos ter a mesma certeza. O Bom Pastor nunca deixa as suas ovelhas. "Ainda que eu andasse pelo vale da sombra da morte, não temeria mal algum, porque tu estás comigo" (Sl 23.4).

Deus está perto de você assim como a videira está perto do ramo; tão presente dentro de você quanto estava presente no templo; tão íntimo seu como o são um marido e uma esposa; e tão dedicado a você como um pastor o é para com sua ovelha.

> Deus deseja estar tão perto de você
> como estava com Cristo —
> tão perto que Ele possa literalmente
> falar através de você,
> de maneira que tudo o que você
> tenha a fazer seja traduzir;

> tão perto que estar em sintonia com Ele
> se torne simples quanto colocar
> fones de ouvido; tão perto que enquanto
> outros pressentem tempestades e preocupações,
> você pode ouvir a voz dEle e sorrir.

Eis como o rei Davi descreveu o mais íntimo de todos os relacionamentos:

> Senhor, tu me sondaste e me conheces.
> Tu conheces o meu assentar e o meu levantar;
> De longe entendes o meu pensamento.
> Cercas o meu andar e o meu deitar;
> E conheces todos os meus caminhos.
> Sem que haja uma palavra na minha língua,
> Eis que, ó Senhor, tudo conheces.
> Tu me cercaste em volta e puseste sobre mim a tua mão.
> Tal ciência é para mim maravilhosíssima;
> Tão alta que não a posso atingir (Sl 139.1-6).

Davi não foi o único escritor da Bíblia que testificou sobre a possibilidade de se ter constantemente a sensação da presença de Deus. Considere essas declarações de Paulo que nos incentivam a, com urgência, nunca deixar de estar ao lado de nosso Senhor.

> Orai sem cessar (1 Ts 5.17).

> Perseverai na oração (Rm 12.12; Cl 4.2).

> Orando em todo o tempo... no Espírito (Ef 6.18).

> Antes, as vossas petições sejam em tudo conhecidas diante de Deus (Fl 4.6).

Uma comunhão incessante parece algo assustador, complicado?

Será que você está pensando: "A vida já é difícil o bastante, para que adicionar isso?" Se pensa assim, lembre-se que Deus é aquele que remove o fardo e não aquele que o dá. Deus pretende que a oração incessante nos ilumine, e não que torne nossa carga mais pesada.

Quanto mais estudamos a Bíblia, mais compreendemos que possuir uma comunhão ininterrupta com Deus é a regra, e não a exceção. Ao alcance de cada cristão está a infindável presença de Deus.

PRATICANDO A PRESENÇA

Como, então, viver na presença de Deus? Como detectar sua mão invisível sobre meu ombro e sua voz inaudível em meus ouvidos?

Uma ovelha cresce e se acostuma com a voz do pastor. Como posso crescer e tornar a voz de Deus familiar para mim? Aqui estão algumas idéias:

Entregue a Deus os seus pensamentos assim que acordar. Antes de encarar o seu dia, encare o Pai. Antes de dar um passo para fora da cama, dê um passo em direção à presença dEle. Tenho um amigo que possui o hábito de rolar para fora da cama e já se colocar de joelhos, a fim de começar o seu dia em oração. Pessoalmente, não vou tão longe. Com a minha cabeça ainda no travesseiro e os meus olhos ainda fechados, ofereço a Deus os primeiros segundos de meu dia. Minha oração não é longa e está longe de ser formal. Dependendo do quanto dormi, ela poderá não ser nem mesmo inteligível. Freqüentemente ela não é nada mais do que "Obrigado pela noite de descanso. Eu pertenço a ti hoje".

C.S. Lewis escreveu: "No momento em que você acorda a cada manhã... [todos] os seus desejos e esperanças para o dia vêm rapidamente à sua mente, como animais selvagens. E o primeiro trabalho que devemos fazer a cada manhã consiste em empurrá-los para um segundo plano; consiste também em ouvir em primeiro lugar aquela outra voz, levando em conta aquele outro ponto de vista, permitindo que outra maneira de viver, mais ampla, mais forte e mais tranqüila, possa fluir".[5]

Eis a maneira como o salmista começava o seu dia: "Pela manhã ouvirás a minha voz, ó Senhor; pela manhã me apresentarei a ti, e vigiarei" (Sl 5.3). O que nos leva à segunda idéia:

Entregue a Deus as suas expectativas. Gaste tempo com Ele em silêncio. Os casais maduros têm aprendido o tesouro que existe em compartilhar o silêncio; Eles não precisam encher o ambiente, a toda hora, com conversas informais. Apenas estarem juntos já é o suficiente. Procure estar em silêncio diante de Deus. "Aquietai-vos, e sabei que eu sou Deus" (Sl 46.10). A nossa consciência acerca de Deus é fruto da atitude de nos mantermos quietos diante dEle.

Entregue a Deus os seus sussurros. Através dos séculos, os cristãos têm aprendido a valorizar orações curtas, orações que podem ser sussurradas em qualquer lugar, em qualquer situação. Laubach buscou uma comunhão incessante com Deus através de perguntas. A cada dois ou três minutos ele orava, por exemplo, da seguinte maneira: "Estou dentro da tua vontade, Senhor?" "Estou te agradando, Senhor?"

No século XIX, um monge russo anônimo decidiu viver em incessante comunhão com Deus. Em um livro intitulado The Way of the Pilgrim (O Caminho do Peregrino), ele conta como aprendeu a ter uma oração sempre em mente: "Senhor Jesus Cristo, Filho de Deus, tenha misericórdia de mim, que sou um pecador". Com o passar do tempo, essa oração tornou-se tão interiorizada nele, que a orava com freqüência, mesmo que conscientemente estivesse ocupado com alguma outra coisa.

Imagine considerar cada momento como um tempo potencial de comunhão com Deus. Quando a sua vida terminar, terá gasto seis meses em semáforos, oito meses abrindo cartas inúteis, um ano e meio procurando por coisas perdidas (em meu caso, o dobro), e o tempo absurdo de cinco anos terão sido gastos em várias filas.[7]

Porque você não oferece esses momentos a Deus? Dando a Deus nossos pensamentos e orações em forma de sussurros, o comum se tornará incomum. Frases simples como "Obrigado, Pai", "Seja soberano nesta hora, ó Senhor", "Tu és o meu lugar de repouso, Jesus", são capazes de transformar uma viagem em uma peregrinação. Não será necessário deixar o seu escritório, ou mesmo ajoelhar-se em sua cozinha. Ore onde quer que esteja. Deixe que a cozinha se transforme em catedral, ou a sala de aula em capela. Ofereça a Deus os seus sussurros.

E por último, entregue a Deus a sua fadiga. Ao final de cada dia, deixe que a sua mente descanse nEle. Conclua o dia da mesma maneira que o começou: falando com Deus. Agradeça pelos bons momentos. Questione-o a respeito dos momentos difíceis. Busque a sua misericórdia. Busque a sua força. E quando fechar os seus olhos, fique seguro na promessa: "Eis que não tosquenejará nem dormirá o guarda de Israel" (Sl 121.4). Se adormecer enquanto estiver orando, não se preocupe. Não há lugar melhor para cochilar do que nos braços do Pai.

Mas todos nós, com cara descoberta, refletindo como um espelho a glória do Senhor, somos transformados de glória em glória na mesma imagem, como pelo Espírito do Senhor.

2 Coríntios 3.18

E o seu rosto resplandeceu como o sol.

Mateus 17.2

CAPÍTULO 6

UM ROSTO TRANSFORMADO E UM PAR DE ASAS

Um coração faminto por adorar

Pessoas em um avião e pessoas sentadas em um banco de igreja têm muito em comum. Ambas estão em uma viagem. A maioria é bem comportada e apresentável. Algumas cochilam e outras fixam o seu olhar na paisagem através das janelas. A maioria, senão todas elas, ficam satisfeitas com a experiência. Para muitas, as características de um bom vôo, bem como as características de uma boa reunião de adoração significam a mesma coisa. "Bom", gostamos de dizer. "Foi um bom vôo / Foi um bom culto de adoração". Saímos da mesma maneira que entramos, e estamos felizes por poder voltar numa próxima vez.

Poucos, contudo, não estão contentes com o simplesmente bom. Anseiam por algo mais. O menino que passou por mim era assim. Eu o ouvi antes de vê-lo. Eu já estava em minha poltrona quando perguntou: "Será que realmente me deixarão falar com o piloto?" Ele era sortudo ou esperto, porque fez este pedido assim que entrou no avião. A pergunta flutuou até a cabine, fazendo com que o piloto se inclinasse.

"Tem alguém procurando por mim?", perguntou.

O menino levantou rapidamente a sua mão, como se estivesse respondendo uma pergunta de sua professora da sexta série: "Sou eu!"

"Bem, pode entrar".

Com um gesto de aprovação de sua mãe, o menino entrou no mundo de controles e instrumentos da cabine do avião e voltou minutos mais tarde com os olhos arregalados. "Uau!", exclamou. "Estou tão feliz por estar neste avião!"

A face de ninguém mais demonstrava estar tão maravilhada como a do menino. Se estivesse eu saberia. Prestei atenção. Uma vez que o interesse do garoto atraíra a minha atenção, estudei a face dos outros passageiros, porém não encontrei entusiasmo semelhante. O melhor que vi foi satisfação: satisfeitos por estarem no avião, satisfeitos por estarem próximos ao seu destino, satisfeitos por estarem fora do aeroporto, satisfeitos por estarem sentados, olhando tudo e falando pouco.

Havia poucas exceções. Cerca de cinco mulheres de meia-idade usando chapéu de palha e carregando bolsas de praia não estavam satisfeitas; estavam exuberantes. Sorriam por todo o corredor. Meu palpite é de que eram mães livres de cozinhas e crianças. Um rapaz de terno azul do outro lado do corredor não estava contente; estava irritado. Abriu o seu computador laptop e passou toda a viagem com o rosto franzido olhando para a tela. A maioria de nós, contudo, estava mais feliz do que ele e mais contida do que as senhoras. A maioria estava contente. Satisfeita com um vôo previsível, sem qualquer fator surpresa. Satisfeita com um "bom" vôo.

E como foi isso que procuramos, foi isso que alcançamos. O menino, por outro lado, queria mais. Queria ver o piloto. Se lhe pedissem para descrever o vôo, não diria "bom". Certamente mostraria as asas de plástico que o piloto lhe deu de presente e diria: "Vi o homem lá da frente".

Você compreende porque digo que pessoas em um avião e pessoas sentadas em um banco de igreja têm muito em comum? Entre no santuário de uma igreja e olhe para a face das pessoas. Poucas estão exuberantes, algumas estão irritadas, mas a maioria está satisfeita. Satisfeita por estar ali. Satisfeita por sentar-se, olhar diretamente para a frente e ir embora quando o culto termina. Satisfeita por participar de uma reunião sem surpresas ou turbulências. Satisfeita por ter um culto "agradável". "Buscai e encontrareis", prometeu Jesus.[1] E como o que buscamos é apenas um culto agradável, isto é o que usualmente encontramos.

Poucos, contudo, buscam mais. Poucos vêm com o entusiasmo infantil do menino. E esses poucos voltam como ele, com um brilho nos olhos, maravilhados por terem estado na presença do próprio piloto.

APROXIME-SE PEDINDO

O mesmo aconteceu com Jesus. No dia em que Jesus foi adorar, a sua própria face foi mudada.

"Está me dizendo que Jesus foi adorar?"

Sim, estou. A Bíblia fala de um dia em que Jesus dedicou tempo para estar com seus amigos na presença de Deus. Leiamos sobre o dia em que Jesus foi adorar:

> Seis dias depois, tomou Jesus consigo a Pedro, e a Tiago, e a João, seu irmão, e os conduziu em particular a um alto monte. E transfigurou-se diante deles; e o seu rosto resplandeceu como o sol, e as suas vestes se tornaram brancas como a luz. E eis que lhes apareceram Moisés e Elias, falando com ele. E Pedro, tomando a palavra, disse a Jesus: Senhor, bom é estarmos aqui; se queres, façamos aqui três tabernáculos, um para ti, um para Moisés, e um para Elias. E, estando ele ainda a falar, eis que uma nuvem luminosa os cobriu. E da nuvem saiu uma voz que dizia: Este é o meu Filho amado, em quem me comprazo; escutai-o (Mt 17.1-5).

As palavras de Mateus pressupõem a decisão, por parte de Jesus, de permanecer na presença de Deus. O simples fato de Ele escolher seus companheiros e subir a uma montanha sugere que isto não foi uma atitude impulsiva. Ele não acordou certa manhã, olhou para o calendário, depois para o seu relógio e disse: "Opa, hoje é dia de irmos à montanha". Não, Ele tinha preparativos a fazer. Ministrar às pessoas cedeu lugar à ministração a seu próprio coração. Uma vez que o lugar escolhido para a adoração ficava a certa distância, era necessário que Ele escolhesse o caminho correto e se mantivesse nele. Quando chegou à montanha, o seu coração já estava pronto. Jesus se preparou para adorar.

Deixe-me perguntar: você faz o mesmo? Prepara-se para adorar? Que caminhos você toma para subir ao monte?

A pergunta pode parecer estranha; minha intuição, porém, é que muitos de nós simplesmente acordam e já aparecem. Infelizmente, estamos nos encontrando com Deus de forma casual. Seríamos tão descuidados com, digamos, o presidente? Poderia supor que lhe tivesse sido oferecido o privilégio de tomar café na Casa Branca? Como passaria o sábado à noite? Às voltas com preparativos? Organizaria os seus pensamentos? Pensaria sobre suas perguntas e pedidos? Certamente que sim.

Deveríamos ter menos cuidado ao nos prepararmos para um encontro com o Espírito Santo?

Permita que lhe recomende, com urgência, a passar a adorar devidamente preparado para a adoração. Ore antes de vir, e então estará pronto para orar quando chegar. Durma antes de vir, e então estará alerta quando chegar. Leia a Palavra antes de vir, e então o seu coração estará maleável quando adorar. Venha com fome. Venha desejoso. Venha esperando que Deus fale. Venha perguntando, mesmo quando já tiver atravessado a porta: "Posso ver o piloto hoje?"

REFLETINDO A GLÓRIA DE DEUS

À medida que você adorar, descobrirá o propósito de tal prática — mudar a face do adorador. Foi exatamente o que aconteceu a Cristo no monte. A aparência de Jesus foi mudada: "O seu rosto resplandeceu como o sol" (Mt 17.2).

A conexão entre o rosto e a adoração é mais do que uma coincidência. Nossa face é a parte mais publicamente exposta de nossos corpos; está sempre menos coberta do que qualquer outra área. Também é a nossa parte mais reconhecível. Nós não preenchemos um anuário escolar com fotos dos pés das pessoas, mas com fotos dos rostos delas. Deus deseja tomar esta parte exposta e memorável de nossos corpos, e usá-las para refletir a bondade dEle. Paulo escreve: "Mas todos nós, com cara descoberta, refletindo como um espelho a glória do Senhor, somos transformados de glória em glória na mesma imagem, como pelo Espírito do Senhor" (2 Co 3.18).

Deus nos convida para que vejamos a sua face, e então Ele mudará a nossa. Ele usa nossas faces descobertas para expor a sua glória. A transformação não é fácil. O escultor do monte Rushmore enfrentou um desafio menor do que o de Deus. Mas o nosso Senhor é capaz de realizar essa tarefa. Ele ama mudar o semblante de seus filhos. Por seus dedos, rugas de preocupação são removidas. Sombras de vergonha e dúvida tornam-se retratos de graça e confiança. Ele faz relaxar os maxilares cerrados e aplaina as testas franzidas. O toque dEle é capaz de remover as bolsas debaixo de olhos exaustos e transformar lágrimas de desespero em lágrimas de paz.

Como? Através da adoração.

Talvez esperássemos algo mais complicado, mais exigente. Talvez um jejum de quarenta dias ou a memorização do livro de Levítico. Não. O plano de Deus é mais simples. Ele muda os nossos semblantes através da adoração.

O que é exatamente a adoração? Gosto da definição do rei Davi. "Engrandecei ao Senhor comigo, e juntos exaltemos o seu nome" (Sl 34.3). Adorar é o ato de engrandecer a Deus. É aumentar a visão que temos a respeito dEle. É ir ao seu encontro na cabine de comando para ver onde Ele se assenta e observar como trabalha. Sua grandeza certamente não muda, mas nossa percepção a seu respeito, sim. À medida que nos aproximamos, Ele se mostra maior. Não é exatamente o que precisamos? Uma grande visão de Deus? Não temos nós grandes problemas, grandes preocupações, grandes perguntas? Claro que sim. Por isso precisamos ter uma grande visão a respeito de Deus.

A adoração oferece isso. Como somos capazes de cantar "Santo, Santo, Santo" e não ter nossa visão expandida? Ou ainda que

---

* Montanha rochosa, situada em Dakota do Sul, onde estão esculpidas as faces dos presidentes americanos George Washington, Thomas Jefferson, Theodore Roosevelt e Abraham Lincoln

diremos da letra da música "It Is Well with My Soul"? ("Vai tudo bem com minha alma")

> Os meus pecados — oh, que felicidade é ter este pensamento glorioso,
>
> Os meus pecados — não em parte mas em sua totalidade,
>
> Estão pregados na cruz e não os levo mais comigo,
>
> Louvai ao Senhor, louvai ao Senhor, ó minha alma!²

Seríamos capazes de cantar essa canção e não ter as nossas faces iluminadas?

Um rosto entusiástico e brilhante é a marca de alguém que esteve na presença de Deus. Depois de conversar com Deus, Moisés precisou cobrir sua face com um véu (Êx 34.33-35). Depois de ver o céu, a face de Estêvão resplandeceu como a de um anjo (At 6.15; 7.55,56).

Deus está empenhado na tarefa de mudar a face do mundo.

Permita-me ser bastante claro. Essa mudança é trabalho dEle, não nossa. A meta não é fazer com que nossos rostos fiquem radiantes. Nem mesmo Jesus fez isso. Mateus disse: "A aparência de Jesus foi mudada", e não "Jesus mudou a sua própria aparência". Moisés nem mesmo sabia que sua face estava brilhando (Êx 34.29). Nosso objetivo não deve ser forjar uma expressão facial falsa e congelada, mas simplesmente permanecer diante de Deus com um coração preparado e anelante, e então permitir que Ele faça o seu trabalho.

E Ele o faz. Ele enxuga as lágrimas. Dá fim ao enfado. Aplaina nossas frontes franzidas. Toca as nossas faces. Muda os nossos semblantes enquanto o adoramos.

Ainda há mais. Deus não somente modifica a aparência daqueles que o adoram, Ele muda aqueles que nos vêem adorar.

A ADORAÇÃO EVANGELÍSTICA

Lembra-se do menino que foi ver o piloto? A paixão dele mexeu comigo. Eu também queria ver o piloto. (E eu não teria recusado as asas de plástico).

A mesma dinâmica ocorre quando adoramos a Deus de coração. Paulo recomendou à igreja de Corinto que adorasse de uma maneira tão transparente que pudesse impactar qualquer incrédulo que entrasse. "Os segredos do seu coração ficarão manifestos, e assim, lançando-se sobre o seu rosto, adorará a Deus, publicando que Deus está verdadeiramente entre vós" (1 Co 14.25).

Davi cita o poder evangelístico da adoração honesta: "E pôs um novo cântico na minha boca, um hino ao nosso Deus; muitos o verão, e temerão, e confiarão no Senhor" (Sl 40.3).

A sua adoração sincera é um apelo missionário. Deixe que os descrentes sintam a paixão em sua voz ou vejam a sinceridade em sua face, e serão transformados. Pedro foi transformado. Quando viu a adoração de Jesus, disse: "Senhor, bom é estarmos aqui; se queres, façamos aqui três tabernáculos, um para ti, um para Moisés e um para Elias" (Mt 17.4).

Marcos diz que Pedro falou com temor (9.6). Lucas diz que Pedro falou em sua ignorância (9.33). Seja qual for a razão, Pedro ao menos falou. Queria fazer algo para Deus. Não compreendia que Deus quer corações e não tendas, mas ao menos ele foi movido a oferecer algo.

Por quê? Porque ele viu a face de Cristo transfigurada. O mesmo acontece nas igrejas hoje. Quando as pessoas nos vêem dando louvores a Deus de coração — quando nos vêem adorando — ficam intrigadas. Elas querem ver o piloto! Faíscas de nosso fogo tendem a provocar ignição em seus corações secos.

Experimentei algo semelhante no Brasil. Nossa casa estava a apenas algumas quadras do maior estádio de futebol do mundo. Pelo menos uma vez por semana, o estádio do Maracanã ficava repleto de barulhentos torcedores. Eu inicialmente não fazia parte deles, porém o seu entusiasmo era contagiante. Eu queria ver pelo que estavam tão empolgados. Na ocasião em que deixei a cidade do Rio de Janeiro, já apreciava o futebol e podia gritar juntamente com eles.

Pessoas que buscam talvez não compreendam tudo o que acontece numa casa de adoração. Talvez não compreendam o significado de uma música ou a importância da comunhão, mas reconhecem a alegria quando a vêem. E quando virem a sua face mudada, caro leitor, desejarão ver a face de Deus.

A propósito, o oposto não seria igualmente verdadeiro? O que acontece quando alguém que está buscando a Deus vê desânimo em sua face? E se enquanto outros estiverem adorando você estiver com uma expressão carrancuda? E se enquanto outros estiverem na presença dEle você estiver em seu próprio mundinho? E se enquanto outros estiverem buscando a face de Deus você estiver buscando a face de seu relógio de pulso?

Já que estou me tornando pessoal, posso dar mais um passo?

Pais, o que suas crianças estão aprendendo com a sua adoração? Elas vêem maior entusiasmo em um jogo de basquetebol? Vêem vocês se prepararem para a adoração como fazem para uma viagem de férias? Vêem vocês chegarem famintos para buscar a face do Pai? Ou vêem-nos contentes por saírem da maneira como chegaram?

Elas estão observando. Podem acreditar em mim.

Você vai à igreja com um coração faminto por adorar? O nosso Salvador ia.

Permita que sugira urgentemente que você seja simplesmente como Jesus era? Prepare o seu coração para a adoração. Deixe que Deus mude o seu semblante através da adoração. Demonstre o poder da adoração. Acima de tudo, busque a face do piloto. O menino fez isso. Porque buscou o piloto, saiu com o rosto mudado e um par de asas. O mesmo poderá acontecer com você.

Para que o Deus de nosso Senhor Jesus Cristo, o Pai da glória, vos dê em seu conhecimento o espírito de sabedoria e de revelação, tendo iluminados os olhos do vosso entendimento, para que saibais qual seja a esperança da sua vocação e quais as riquezas da glória da sua herança nos santos.

EFÉSIOS 1.17,18

CAPÍTULO 7

JOGOS DE GOLFE E VARAS DE AIPO

Um coração focalizado

O jogo de golfe tinha como meta acertar as bolas em quatro buracos feitos no chão. Uma vez na área de lançamento, planejei a próxima meta. "Com certeza, vai ser uma tacada difícil", comentei. Ninguém disse nada. "Seguramente, é um trajeto apertado", eu disse, enquanto preparava a bola para minha tacada. Novamente, nenhuma resposta. "Como é que eles esperam que acertemos por cima daquelas árvores?" Ainda nenhuma resposta.

O silêncio não me incomodava. Anos de cruéis disputas contra amigos experientes em campos municipais ensinaram-me a ter cautela a respeito de suas artimanhas. Eu sabia exatamente o que estavam fazendo. Intimidados com meu impressionante número de acertos no jogo, eles resolveram pressionar-me psicologicamente (afinal de contas, tínhamos apostado um refrigerante). Então posicionei-me ao lado da bola e procedi a tacada. Não há outra maneira de descrever o que aconteceu em seguida — "fiz um lance extraordinário". A bola foi por cima do topo das árvores à minha esquerda, perdendo a força gradativamente, em trajetória de arco. Pude ouvir o gemido dos outros jogadores, e entendi que invejaram o lance. Depois de assistir às jogadas deles, tive certeza disso. Nenhum deles sequer aproximou-se das árvores. Ao invés de baterem para a esquerda, cada um deles mandou a bola para a direita, ficando, no final das contas, muito distantes do objetivo. Foi quando eu deveria ter suspeitado de algo, mas não foi o que aconteceu.

Desceram pelo caminho de suas respectivas jogadas, e eu desci pelo meu. Mas ao invés de encontrar minha bola sobre densa grama, achei-a escondida em meio a ervas silvestres, pedras, e rodeada por árvores. "Esta é uma jogada difícil", sussurrei comigo mesmo. Contudo, estava pronto para o desafio. Estudei a tacada, selecionei uma estratégia, peguei um taco, e — perdoe-me, mas devo dizer novamente — "fiz uma grande jogada". Você pensaria que minha bola era controlada por radar: atravessou galhos apertados, passou varrendo outros, correndo em direção ao objetivo como um coelho veloz buscando alimento. Apenas o monte íngreme evitou que ela rolasse para a superfície. Através dos torneios na televisão, aprendi como agir nesses momentos. Congelei meus movimentos e minha caminhada o suficiente para que os fotógrafos tirassem as suas fotos. Depois rodopiei meu taco. Com uma das mãos acenava para a multidão, e com a outra entregava o taco para meu ajudante. É claro, em meu caso não havia nem fotógrafo nem ajudante, muito menos uma multidão. Nem meus companheiros estavam vendo. Estavam do outro lado, olhando para outra direção. Algo me dizia que minha habilidade passara desapercebida. Coloquei meus tacos nos ombros e comecei a caminhar pelo gramado.

Novamente, deveria ter me ocorrido que algo estava errado. A combinação de curiosos eventos deveria ter chamado a minha atenção. Ninguém comentou a dificuldade de acertar o buraco. Ninguém me cumprimentou por minha ótima tacada. Todos os outros lançando para a direita, enquanto eu para a esquerda. Um drive perfeito aterrizando em um lugar completamente irregular. Meu lance espetacular não foi visto por ninguém. Tudo isso deveria ter me despertado, mas não aconteceu. Somente ao aproximar-me do campo, algo me pareceu fora do comum. Alguns jogadores já estavam fora da partida! Jogadores que eu não conhecia. Jogadores que eu nunca tinha visto antes. Jogadores que para mim eram horrivelmente lentos ou perdidos. Olhei à minha volta para localizar o meu grupo, apenas para encontrá-los no campo — *em um campo diferente*.

Foi então que me dei conta. Eu havia jogado a bola para o buraco errado! Agarrara-me ao objetivo errado. Pensei que estávamos jogando no campo à nossa esquerda, quando, de fato, deveríamos estar jogando para o campo à nossa direita! De repente tudo fez sentido. Meus parceiros lançaram para a direita, como deveríamos fazer. O gemido que ouvi após minha tacada foi de pena, não de admiração. Não é de impressionar que a jogada parecesse difícil demais — eu estava jogando na direção errada. Isso é desencorajador. O golfe já é um jogo bastante duro. Torna-se pior quando se joga na direção errada.

UM CORAÇÃO NA DIREÇÃO CERTA

O mesmo é válido para a vida. Ela já é difícil o bastante. Torna-se ainda mais difícil quando conduzida na direção errada.

Uma das incríveis habilidades de Jesus era a de manter-se em direção ao alvo. Sua vida nunca saiu da direção correta. Sequer uma vez o encontramos descendo pelo lado errado do caminho. Ele não tinha dinheiro, computadores, aviões a jato, nenhum assistente administrativo ou um corpo de auxiliares; contudo, Jesus acertou onde muitos de nós fracassamos. Ele manteve a sua vida na trajetória correta. À medida que Jesus olhava além do horizonte do seu próprio futuro, era capaz de ver muitos alvos. Muitas bandeiras, sinalizando pontos onde havia possíveis metas, eram agitadas pelo vento, e Ele poderia ter alcançado cada uma delas.

Ele poderia ter sido um político revolucionário. Poderia ter sido um líder nacional. Poderia ter sido feliz por se tornar um professor e educar mentes, ou ser um médico e curar corpos. Mas Ele escolheu ser o Salvador e salvar almas.

Qualquer pessoa que esteve próxima a Cristo, por qualquer espaço de tempo, ouviu do próprio Jesus: "O Filho do Homem veio buscar e salvar o que se havia perdido" (Lc 19.10). "O Filho do Homem também não veio para ser servido, mas para servir e dar a sua vida em resgate de muitos" (Mc 10.45).

O coração de Cristo estava implacavelmente focalizado na tarefa. No dia em que Ele deixou a carpintaria de Nazaré, tinha um único propósito — a cruz do Calvário. Possuía um foco tão específico, que suas palavras finais foram: "Está consumado" (Jo 19.30).

Como é que Jesus pôde dizer que estava tudo consumado? Ainda havia famintos para alimentar, enfermos para curar, ainda era necessário instruir aqueles que não tinham conhecimento e amar os que não eram amados. Como é que Ele pôde dizer que estava tudo consumado? É simples. Ele havia cumprido a tarefa que lhe fora designada. O seu compromisso estava cumprido. O pintor poderia colocar de lado seu pincel, o escultor poderia baixar sua talhadeira, o escritor poderia abandonar sua pena. O trabalho foi feito.

Você não adoraria poder dizer o mesmo? Não amaria fazer uma retrospectiva de sua vida e saber que cumpriu com aquilo para o qual foi chamado?

CORAÇÕES DISTRAÍDOS

Nossa vida tende a ser dispersa. Enredada por uma certa tendência, somente até que a próxima tendência chegue. Pronta para absorver a mais recente ou a mais rápida novidade. Envolvida num projeto, e depois logo outro. Vidas sem estratégia, sem objetivos, sem definição de prioridades. Dando tacadas fora de ordem. Errantes. Hesitantes. Vivendo a vida aos soluços. Somos facilmente distraídos pelas coisas menores e nos esquecemos das maiores. Vi um exemplo disso outro dia na mercearia.

Existe uma determinada seção no supermercado que freqüento como um veterano: os pontos de degustação. Não sou do tipo que dispensa um lanche. No último sábado dirigi-me aos fundos da loja onde os promotores costumam ficar. Bingo! Havia duas distribuidoras de amostras esperando por degustadores famintos. Uma delas tinha uma caçarola de lingüiças e a outra um prato cheio de aipos cobertos com queijo cremoso. Você ficará orgulhoso em saber que optei pelo aipo. Eu queria as lingüiças, mas sabia que o aipo era melhor para mim.

Infelizmente, a moça que servia o aipo não me conhecia. Ela estava ocupada demais endireitando as hastes de aipo. Passei por ela, e não me olhou. A moça que servia as amostras de lingüiça, contudo, viu que me aproximava e logo estendeu o prato. Recusei e dei outra volta, passando pela moça que servia o aipo. A mesma resposta. Ela não me viu. Estava ocupada demais organizando o seu prato. Então dei outra volta, passando pela moça que servia as lingüiças. Uma vez mais a oferta veio e, novamente — com admirável resolução, devo acrescentar — resisti. Estava comprometido a fazer a coisa certa.

Assim estava a moça que servia o aipo. Determinada a ordenar bem cada folha da hortaliça em seu prato. Porém, ela se preocupava mais com a aparência de seu produto do que com a distribuição. Parei. Tossi. Limpei minha garganta. Fiz tudo o que podia, só não cantei. Nenhuma resposta ainda. A outra moça, contudo, esperava por mim com lingüiças quentinhas. Desisti; comi a lingüiça.

A moça que servia o aipo cometeu o mesmo erro que cometi no campo de golfe. Desviou-se de seu objetivo. Estava tão ocupada com assuntos menores (a organização das folhas de aipo, por exemplo), que se esqueceu de sua obrigação (ajudar os necessitados, famintos e pobres clientes como eu, por exemplo).

Como evitar cometer o mesmo erro na vida? Deus quer que sejamos simplesmente como Jesus e que tenhamos corações com focos específicos. Como escolher a bandeira certa e manter o alvo? Consultar o mapa seria um bom começo. Eu teria me poupado de muito desconforto naquele dia, durante a partida de golfe, se tivesse dado uma olhada no mapa no cartão de marcação de pontos. O arquiteto do campo havia desenhado um. O que é verdadeiro no campo de golfe também é verdadeiro na vida. Aquele que projetou o nosso campo nos deixou mapas. Respondendo a quatro simples perguntas, podemos ser mais parecidos com Jesus; podemos permanecer em campo com nossas vidas.

ESTOU ENQUADRADO NO PLANO DE DEUS?

Romanos 8.28 diz: "E sabemos que todas as coisas contribuem juntamente para o bem daqueles que amam a Deus, daqueles que são chamados por seu decreto". O primeiro passo para manter o seu coração focalizado, é fazer a seguinte pergunta: "Estou me enquadrando no plano de Deus?"

O plano de Deus é salvar seus filhos: "Não querendo que alguns se percam, senão que todos venham a arrepender-se" (2 Pe 3.9).

Se o objetivo de Deus é a salvação do mundo, então o meu objetivo deverá ser o mesmo. Os detalhes da pintura mudam de pessoa para pessoa, mas a grande tela é idêntica para todos nós. "De sorte que somos embaixadores da parte de Cristo, como se Deus por nós rogasse" (2 Co 5.20).

A despeito daquilo que você não sabe sobre o seu próprio futuro, uma coisa é certa: o Senhor deseja que você contribua com o seu bom plano, falando a outras pessoas a respeito do Deus que as ama e anela levá-las ao lar celestial.

Mas como, exatamente, você pode contribuir? Qual é a sua responsabilidade específica? Vamos procurar a resposta através de uma segunda questão.

QUAIS SÃO OS MEUS ANSEIOS?

Talvez esta pergunta lhe surpreenda. Talvez pense que seus anseios nada têm a ver com manter sua vida na direção certa. Tenho que discordar completamente. O seu coração é crucial. O Salmo 37.4

diz: "Deleita-te também no Senhor, e ele te concederá o que deseja o teu coração". Quando nos submetemos aos planos de Deus, podemos confiar em nossos desejos. A responsabilidade que nos foi confiada encontra-se na interseção do plano de Deus e nossos prazeres. *O que você ama fazer? O que lhe traz alegria? O que lhe dá a sensação de satisfação?*

Alguns anseiam alimentar os pobres. Outros gostam de liderar a igreja. Outros inclinam-se ao louvor, ou ao ensino, ou a visita a enfermos, ou aconselhamento aos desorientados. Cada um de nós foi criado para servir a Deus de uma maneira singular.

"Porque somos feitura sua, criados em Cristo Jesus para as boas obras, as quais Deus preparou para que andássemos nelas" (Ef 2.10).

"Pois possuíste o meu interior; entreteceste-me no ventre de minha mãe... maravilhosas são as tuas obras... Os meus ossos não te foram encobertos, quando no oculto fui formado... Os teus olhos viram o meu corpo ainda informe, e no teu livro todas estas coisas foram escritas, as quais iam sendo dia a dia formadas, quando nem ainda uma delas havia" (Sl 139.13-16).

Você foi planejado para ser único; foi feito sob medida. Deus planejou o seu nascimento. Não importa as circunstâncias que cercaram a sua chegada, você não é um acidente. Deus planejou você antes que nascesse.

Os anseios de seu coração, então, não são incidentes; são mensagens importantes. Os desejos de seu coração não devem ser ignorados; devem ser consultados. Assim como o vento muda a posição do cata-vento, assim Deus usa as suas inclinações naturais para mudar a direção de sua vida. Deus é abundante em graça, e não pediria que você fizesse algo que odeia.

Entretanto, tome cuidado. Não considere seus desejos sem antes considerar as suas habilidades. Vá rapidamente para a terceira pergunta.

QUAIS SÃO AS MINHAS HABILIDADES?

Existem algumas coisas que desejamos fazer, mas simplesmente não estamos equipados para realizar. Eu, por exemplo, tenho o desejo de cantar. Cantar para outras pessoas me daria uma maravilhosa satisfação. O problema é que eu não daria a mesma satisfação aos meus ouvintes. Sou aquele tipo de "cantor de cadeia" — nunca tenho a chave (ou a clave), e estou sempre atrás de algumas barras.

Paulo dá um bom conselho em Romanos 12:3 "Tenha uma saudável estimativa de suas próprias habilidades" (versão Phillips).

Em outras palavras, esteja atento aos seus pontos fortes. Quando você ensina, as pessoas ouvem? Quando lidera, as pessoas seguem? Quando administra, há desenvolvimento? Onde você é mais produtivo? Identifique seus pontos fortes, e então — isto é importante — aperfeiçoe-os. Tire do fogo alguns ferros em brasa e com eles aqueça outros. A falha de não estarmos focalizados em nossos pontos fortes poderá nos impedir de realizar as tarefas que Deus tem nos dado, e que só nós podemos fazer.

O guarda de um farol marítimo que trabalhava em uma extensão rochosa do litoral recebia óleo uma vez por mês para manter a sua luz acesa. Como morava próximo a uma vila, freqüentemente recebia amigos. Certa noite, uma mãe de família precisou de óleo para manter sua casa aquecida. Outra noite um pai precisou de óleo para as suas lamparinas. Depois outra pessoa precisou de óleo para lubrificar uma roda. Todos os pedidos pareciam legítimos, por isso o faroleiro procurava atender a todos. Contudo, ao final do mês, acabou o óleo e seu farol ficou escuro, fazendo com que vários navios batessem nas rochas. Seus superiores o reprovaram: "O óleo foi dado a você por uma única razão", disseram, "para manter a luz acesa".[1]

Não somos capazes de atender a todas as necessidades do mundo. Não somos capazes de agradar a todas as pessoas no mundo. Não somos capazes de atender a cada pedido no mundo. Porém, alguns de nós tentam. E, ao final, ficamos sem combustível. Tenha uma estimativa saudável de suas habilidades e apegue-se a elas.

Uma pergunta final é necessária.

ESTOU SERVINDO A DEUS AGORA?

Lendo isto, talvez você esteja começando a sentir-se inquieto. "Talvez eu precise mudar minhas atividades. Talvez devesse me mudar. Acho que Max está sugerindo que eu inicie um curso de teologia..." Não, não necessariamente.

Repito, Jesus é o exemplo ideal. Quando é que tivemos nossa primeira pista de que Ele sabia que era o Filho de Deus? No templo em Jerusalém. Tinha doze anos de idade. Seus pais já estavam viajando de volta a Nazaré há três dias, até que deram falta dEle. Acharam-no no templo, ouvindo e interrogando os líderes. Quando lhe pediram uma explicação, Ele disse: "Não sabeis que me convém tratar dos negócios de meu Pai?" (Lc 2.49).

Ainda um menino, Jesus já sentia a chamada de Deus. Mas o que fez em seguida? Recrutou apóstolos, pregou sermões e fez milagres? Não, Ele foi para casa, para a sua parentela, e aprendeu o negócio da família.

Isso é exatamente o que você deve fazer. Quer dar um foco à sua vida? Faça o que Jesus fez. Vá para casa, ame a sua família e cuide de seus negócios. "Mas Max, quero ser um missionário". Seu primeiro campo missionário está debaixo de seu telhado. O que o faz pensar que lhe darão crédito além-mar, se não lhe dão crédito do outro lado da parede?

"Mas Max, estou pronto a fazer grandes coisas para Deus". Que bom, faça-o em seu trabalho. Seja um bom empregado. Na hora certa, mostre uma boa atitude. Não reclame nem se queixe, mas "tudo quanto fizerdes, fazei-o... como ao Senhor, e não aos homens" (Cl 3.23).

UM NOVO CARTÃO

Eis abaixo um plano muito simples, não acha? É mesmo fácil de lembrar:

Estou enquadrado no Plano de Deus?
Quais são os meus anseios?
Quais são as minhas habilidades?
Estou servindo a Deus agora?

Porque não gasta alguns momentos avaliando o rumo de sua vida? Faça a si mesmo as quatro perguntas. Possivelmente conclua que está fazendo o que eu fiz: dando boas tacadas, porém na direção errada. Em meu caso, isso me custou três refrigerantes. Perdi muitas jogadas boas e nunca as recuperei.

Não é preciso que no seu caso ocorra exatamente dessa forma. Deus permita que você comece bem, esteja em qualquer ponto de sua vida. "Para que, no tempo que vos resta na carne, não vivais mais segundo as concupiscências dos homens, mas segundo a vontade de Deus" (1 Pe 4.2).

Faça um círculo em volta da expressão no tempo que vos resta. Deus dará a você um novo cartão de marcação de pontos. Não importa o que o tenha controlado no passado, nunca é tarde demais para colocar sua vida em campo e fazer parte do plano de Deus.

Pelo que deixai a mentira e falai a verdade cada um com o seu próximo.

EFÉSIOS 4.25

CAPÍTULO 8

NADA MAIS QUE A VERDADE

Um coração honesto

Uma mulher apresenta-se diante de um juiz e de um júri, coloca uma das mãos sobre a Bíblia e, levantando a outra mão, assume um compromisso. Nos próximos minutos, tendo Deus como seu ajudador, ela "falará a verdade, toda a verdade, e nada mais que a verdade".

Ela é uma testemunha. O trabalho dela não é diminuir e nem acrescentar algo à verdade. A interpretação deve ficar a cargo da deliberação legal. O júri deve resolver. O juiz deve aplicar a pena, quando for o caso. E a testemunha? A testemunha fala a verdade. Faça mais, faça menos, contaminará o resultado. Que ela faça a sua parte — que fale a verdade — e a justiça terá vez.

O cristão também é uma testemunha. Também assumimos um compromisso. Da mesma maneira que a testemunha na corte, somos chamados para falar a verdade. O banco pode estar ausente e o juiz invisível, mas a Bíblia está presente, o mundo que nos observa é o júri, e nós somos as testemunhas primárias. Somos intimados pelo próprio Senhor Jesus: "E ser-me-eis *testemunhas*, tanto em Jerusalém, como em toda a Judéia e Samaria, e até aos confins da terra" (At 1.8, itálico meu).

Somos testemunhas. E como testemunhas em uma corte, somos chamados a testemunhar, a contar o que temos visto e ouvido. E estamos aqui para falar a verdade. Nossa tarefa não é caiar nem empolar a verdade. Nossa tarefa é falar a verdade.

Existe, contudo, uma diferença entre a testemunha da corte e a testemunha de Cristo. Tem uma hora em que a testemunha da corte deixa a cadeira de testemunha, mas a testemunha de Cristo nunca o faz. Como as reivindicações de Cristo estão sempre sob inquérito judicial, a corte está perpetuamente em sessão e nós sob juramento. Para o cristão, a fraude nunca é uma opção. Ela nunca foi uma opção para Jesus.

O QUE DEUS NÃO É CAPAZ DE FAZER

Uma das avaliações mais impactantes a respeito de Cristo é a seguinte súmula: "Porquanto nunca fez injustiça, nem houve engano na sua boca" (Is 53.9). Jesus era completamente honesto. Todas as suas palavras eram exatas, todas as suas sentenças eram completamente autênticas. Não usava de trapaças nos momentos difíceis. Não alterava os cálculos. Nem uma vez sequer Jesus torceu a verdade. Nenhuma vez ocultou a verdade. Em nenhum momento evitou-a. Ele simplesmente falou a verdade. Nenhum engano foi achado em sua boca.

E se estivermos no caminho de Deus, também não haverá nenhum engano em nossa boca. Ele anseia que sejamos simplesmente como Jesus. O plano dEle, se você se lembra, é modelarnos conforme o seu Filho (Rm 8.28). Ele não procura diminuir ou minimizar a fraude em nossa vida, mas eliminá-la. Deus é áspero em relação à desonestidade: "O que usa de engano não ficará dentro da minha casa" (Sl 101.7).

Nosso Mestre possui um estrito código de honra. De Gênesis a Apocalipse, o tema é o mesmo: Deus ama a verdade e odeia o engano. Em 1 Coríntios 6.9,10, Paulo faz uma lista dos tipos de pessoa que não herdarão o reino de Deus. O quadro que ele pinta é um sortimento roto daqueles que pecam sexualmente, adoram ídolos, participam de adultérios, vendem seus corpos, embriagam-se, roubam pessoas, e — lá está — *mentem a respeito dos outros*.

Tal rigor talvez o surpreenda. *Quer dizer que as minhas lorotas, bajulações e galanteios trazem a mesma ira celestial que o adultério e os piores assaltos?* Aparentemente sim. Deus vê um imposto de renda camuflado do mesmo modo que vê alguém ajoelhado diante de um ídolo.

> Os lábios mentirosos são abomináveis ao Senhor, mas os que agem fielmente são o seu deleite (Pv 12.22)

> Aborrece o Senhor... [uma] língua mentirosa (Pv 6.16,17)

> Destruirás aqueles que proferem a mentira; o Senhor aborrecerá o homem sanguinário e fraudulento (Sl 5.6)

Por quê? Por que uma linha dura? Por que tão severa?

Por uma razão: a desonestidade é absolutamente contrária ao caráter de Deus. De acordo com Hebreus 6.18, *é impossível que Deus minta*. Não é que Deus não queira mentir, ou que Ele tenha optado por não mentir — Ele não é capaz de mentir. Deus mentir seria equivalente a um cão voar ou a um pássaro latir. É simplesmente impossível de acontecer. O livro de Tito faz eco com as palavras do livro de Hebreus: "Deus... não pode mentir" (Tt 1.2).

Deus sempre fala a verdade. Quando faz uma aliança, Ele a mantém. Quando faz uma afirmação, dá a ela significado. E quando proclama a verdade, podemos crer nela. O que Ele fala é verdadeiro. Ainda que sejamos "infiéis, ele permanece fiel; não pode negar-se a si mesmo" (2 Tm 2.13).

Por outro lado, para Satanás é impossível dizer a verdade. Conforme disse Jesus, o diabo é "o pai da mentira" (Jo 8.44). Se você se recorda, o engano foi a primeira ferramenta que o diabo tirou de sua bolsa. No Jardim do Éden, Satanás não desencorajou Eva. Não a seduziu. Não usou de traição para com ela. Ele mentiu para ela. "Deus disse que você morrerá se comer do fruto? Você não morrerá" (veja Gn 3.1-4).

GRANDE MENTIROSO. Mas Eva foi enganada e o fruto foi arrancado da árvore, e não levou mais de alguns parágrafos para que o marido e o filho estivessem seguindo o exemplo dela e a honestidade parecesse uma longínqua memória.

Isso continua nos dias de hoje. Daniel Webster estava certo quando observou: "Não há nada tão poderoso quanto a verdade, e freqüentemente não há nada tão desconhecido como ela".

O SALÁRIO DO ENGANO

De acordo com uma pesquisa da *Psychology Today*, o diabo ainda está preparando teias, e nós ainda estamos arrancando frutos.

- Mais pessoas dizem ter trapaceado em seus casamentos do que em suas declarações de imposto de renda.

- Mais da metade diz que se a sua declaração sofresse uma auditoria, provavelmente devesse pagar mais dinheiro ao governo.

- Aproximadamente uma, em cada três pessoas, admite ter enganado o seu melhor amigo em algum assunto durante o último ano, e 96 por cento delas sentem-se culpadas por isto.

- Aproximadamente a metade das pessoas entrevistadas diz que se batesse em um outro carro estacionado sem nenhum ocupante iria embora sem deixar sequer uma nota com seu nome e telefone — embora a grande maioria (89 por cento) concorda que isto seria imoral.[1]

Parece que a questão não deveria ser "Por que Deus requer tamanha honestidade?", mas sim "Por que toleramos tamanha desonestidade?" Jeremias nunca foi tão profeta quando anunciou: "Enganoso é o coração, mais do que todas as coisas, e perverso" (Jr 17.9). Como explicar a nossa desonestidade? Qual é a razão para termos uma língua dobre e promessas falsas? Não precisamos de uma pesquisa para responder a essas perguntas.

Pela seguinte razão: não gostamos da verdade. Muitos de nós são capazes de simpatizar com aquele homem que recebeu um telefonema de sua esposa, assim que ela estava pronta para embarcar de volta da Europa para casa. Ela perguntou:

— Como está o meu gato?

— Morto — respondeu.

— Oh, querido, não seja tão honesto. Por que você não me deu a notícia de uma forma mais lenta? Arruinou a minha viagem.

— O que quer dizer com isso?

— Poderia ter me dito que o gato havia subido no telhado. E quando telefonasse para você de Paris, poderia ter me dito que ele estava muito lerdo. Quando ligasse de Londres, me diria que estava doente, e quando ligasse de Nova Iorque, me diria que o levou ao veterinário. Então quando eu chegasse em casa, me contaria que ele morreu.

O marido nunca havia sido exposto a tal protocolo, mas estava interessado em aprender. Então disse:

— OK. Melhorarei da próxima vez.

— A propósito, como está a mamãe? — ela perguntou.

Fez-se um longo silêncio, e então ele respondeu:

— Humm, ela está no telhado.

O fato é que não gostamos da verdade. Nossa crença é: *Queira saber a verdade, e a verdade vai fazer você sofrer*. Nossa aversão à verdade começou aos três anos de idade, quando nossa mãe ia ao nosso quarto e perguntava: "Você bateu em seu irmão menor?" Ali assimilamos a idéia de que a honestidade traz as suas conseqüências. Então aprendemos a, humm, bem, não é realmente mentir... aprendemos a encobrir as coisas.

"Se eu bati em meu irmão? Tudo depende de como você interpreta a palavra *bater*. Digo, certamente tive contato com ele, mas será que um júri consideraria isto 'bater'? Você sabe, tudo é relativo".

"Se eu bati em meu irmão? Sim, papai, bati. Mas não foi minha culpa. Se eu tivesse nascido com cromossomos não-agressivos e você não tivesse permitido que eu assistisse televisão, isso nunca teria acontecido. Então, você pode dizer que bati em meu irmão menor, mas a culpa não é minha. Sou uma vítima da criação que recebi e da natureza".

Aprendemos cedo que a verdade não é divertida. Não gostamos da verdade.

Não apenas não gostamos da verdade como também *não confiamos nela*. Se formos brutalmente honestos (o que é aconselhável em uma discussão a respeito da honestidade), temos que admitir que a verdade parecerá inadequada para surtir o efeito que desejamos.

Queremos que nossos chefes gostem de nós, e então os elogiamos quanto a qualidades que não possuem. Chamamos isso de "bajulação". Deus chama de mentira.

Queremos que as pessoas nos admirem, então exageramos ao falar de nossos feitos. Chamamos isso de "florear a verdade". Deus chama de mentira.

Queremos que as pessoas nos respeitem, então moramos em casas acima de nosso padrão social, e como conseqüência não conseguimos pagar as contas. Chamamos isso de "estilo de vida americano". Deus chama de viver uma mentira.

SE NÃO FALARMOS A VERDADE

Ananias e Safira representam o quanto nós humanos não cremos na verdade. Venderam uma propriedade e deram a metade do dinheiro para a igreja. Mentiram para Pedro e para os apóstolos, dizendo que a propriedade foi vendida pela exata quantia que haviam dado. O pecado deles não foi reter parte do dinheiro para si mesmos; foi não falar a verdade. O engano deles teve como resultado a sua própria morte. Lucas escreve: "E houve um grande temor em toda a igreja e em todos os que ouviram estas coisas" (At 5.11).

Mais de uma vez já ouvi pessoas referirem-se a essa história com um sorriso nervoso e ao mesmo tempo de satisfação, dizendo: "Estou feliz porque Deus não dá mais a morte às pessoas por não falarem a verdade". Não estou tão certo de que Ele não faça mais isso. Parece-me que o salário do engano ainda é a morte.

Talvez não a morte do corpo, mas a morte:

- *de um casamento* – falsidades são cupins no tronco da árvore da família.

- *de uma consciência* – a tragédia da segunda mentira é que ela é sempre mais fácil de ser dita do que a primeira.

- *de uma carreira* – pergunte ao estudante que foi expulso por enganar, ou ao empregado que foi demitido por fraude, se a mentira não foi fatal para eles.

- *da fé* – a linguagem da fé e a linguagem da falsidade possuem vocabulários diferentes. Pessoas fluentes na linguagem da falsidade acham que termos como confissão e arrependimento são difíceis de pronunciar.

Poderíamos também listar a morte da intimidade, da confiança, da paz, da credibilidade e do respeito próprio. Mas talvez a morte mais trágica que ocorre devido ao engano seja a do nosso testemunho pessoal. O tribunal não dará ouvidos ao testemunho de uma pessoa em situação de perjúrio. Nem tão pouco o mundo. Achamos que nossos colegas de trabalho acreditarão em nossas palavras acerca de Cristo quando não podem nem mesmo crer em nossas palavras sobre como gerenciamos nossas despesas? Ainda mais importante, achamos que Deus nos usará como testemunhas se não falarmos a verdade?

Todo time universitário de futebol americano tem um jogador cuja tarefa é conduzir o jogo a partir da orientação do técnico. O que acontecerá se esse jogador não falar a verdade? E se o técnico pedir uma jogada em que ele deva passar a bola e ele disser que o técnico pediu um lance individual? Uma coisa é certa: o técnico não contará com aquele jogador por muito tempo. Deus diz que se formos fiéis nas coisas pequenas, Ele nos confiará as maiores (Mt 25.21). Ele pode confiar em você quando se trata das coisas pequenas?

FRENTE A FRENTE COM A MÚSICA

Há muitos anos, um homem dedicou sua vida à orquestra do imperador da China, embora não fosse capaz de tocar sequer uma nota. Quando o grupo ensaiava ou se apresentava, segurava a sua flauta contra os lábios, como se estivesse tocando, porém não emitia qualquer som. Recebia um salário modesto e desfrutava uma vida confortável.

Então, um dia, o imperador pediu que cada músico fizesse um solo. O flautista ficou nervoso. Não havia tempo suficiente para que pudesse aprender a tocar o instrumento. Queria passar-se por doente, mas não era possível enganar o médico da corte. No dia marcado para o solo, o impostor tomou veneno e se matou. A explicação de seu suicídio levou à criação de uma frase que se incorporou ao idioma inglês como: "Ele recusou-se a enfrentar a música".[2]

A cura para a hipocrisia é simplesmente a seguinte: enfrente a música. Fale a verdade. Alguns de nós estão vivendo no engano. Alguns de nós estão andando nas sombras. A mentira de Ananias e Safira resultou em morte; e assim tem acontecido conosco. Alguns de nós têm enterrado um casamento, partes da consciência, e até mesmo partes de nossa fé — tudo porque nos recusamos a falar a verdade.

Será que você está enfrentando um dilema, ponderando se deveria ou não falar a verdade? A pergunta que deve ser feita em tais momentos é: Deus abençoará o meu engano? Será que Ele, que odeia a mentira, abençoará uma estratégia construída sobre mentiras? Será que o Senhor, que ama a verdade, abençoará a falsidade? Deus honrará a carreira do forjador? Socorrerá o enganador? Dará seu aval à minha desonestidade? Também penso que não.

Examine o seu coração. Faça a si mesmo algumas perguntas duras.

Estou sendo uma pessoa completamente honesta com meu cônjuge e filhos? Meus relacionamentos são marcados pela sinceridade? E meu ambiente de trabalho ou estudo? Sou uma pessoa transparente no que faço? Sou um estudante confiável? Um honesto pagador de impostos? Uma testemunha merecedora de crédito no trabalho?

Você fala a verdade... sempre?

Se a resposta for negativa, comece hoje. Não espere até amanhã. A leve agitação da mentira de hoje se transformará em uma onda amanhã, e em uma enchente no próximo ano. Comece hoje. Seja simplesmente como Jesus. Fale a verdade, a verdade completa, e nada mais do que a verdade.

Sede sóbrios, vigiai, porque o diabo, vosso adversário, anda em derredor, bramando como leão, buscando a quem possa tragar; ao qual resisti firmes na fé, sabendo que as mesmas aflições se cumprem entre os vossos irmãos no mundo.

1 Pedro 5.8,9

CAPÍTULO 9

A Estufa da Mente

Um coração puro

Suponha que você venha me visitar um dia e encontre-me trabalhando em minha estufa. (Nem minha casa nem meu polegar são verdes, mas vamos supor que sim). Explico então a você que essa estufa de plantas foi um presente de meu pai. Ele usa o melhor equipamento do mundo para criar a estrutura ideal para o crescimento. A atmosfera é perfeita. A luminosidade é exata. A temperatura é adequada para flores, frutas ou para qualquer outra coisa que eu queira, e o que eu quero são flores e frutas. Convido você a juntar-se a mim, enquanto coleto algumas sementes para plantar. Você sempre pensou que eu fosse meio louco, e o que faço a seguir tirará toda a dúvida. Você me vê caminhar por um campo, tirando sementes de ervas silvestres. Sementes de capim-da-roça, dentes-de-leão e carrapichos. Encho a bolsa dessas sementes e volto à estufa.

Você nem é capaz de acreditar naquilo que acabou de ver.

— Pensei que quisesse uma estufa cheia de flores e frutos — você comenta.

— E quero.

— Então não acha que deveria plantar sementes de flores e de frutos?

— Você tem idéia de quanto custam essas sementes? Além disso, é necessário percorrer uma grande distância até o centro de jardinagem para consegui-las. Não, obrigado, estou indo pelo caminho mais barato e fácil.

Então você sai murmurando algo sobre a falta de nexo no que fiz.

A ESTUFA DO CORAÇÃO

Todo mundo sabe que se colhe aquilo que se planta. Colhe-se o que foi plantado. Contudo, é de se estranhar que, quando se trata de cultivar nossos corações, temos a tendência de esquecer aquilo que conhecemos sobre o cultivo do campo.

Pense por um momento em seu coração como se ele fosse uma estufa. As similaridades virão rapidamente. Ele também é um esplêndido presente de seu Pai. Ele também é perfeitamente preparado para crescer. E o seu coração, como uma estufa, precisa ser gerenciado.

Considere seus pensamentos, por um momento, como se fossem sementes. Alguns deles tornam-se flores. Outros, ervas daninhas. Plante as sementes da esperança e desfrute o otimismo. Plante sementes de dúvida e espere insegurança. "Porque tudo o que o homem semear, isso também ceifará" (Gl 6.7).

A prova está aonde quer que você olhe. Já pensou como algumas pessoas possuem uma capacidade semelhante ao Teflon, de resistir ao negativismo e permanecer pacientes, otimistas e perdoadoras?

Poderia ser porque estas pessoas têm, diligentemente, plantado sementes de bondade e estejam desfrutando sua colheita?

Já tentou imaginar por que algumas pessoas possuem uma cara tão carrancuda? Uma atitude tão triste? Você também estaria na mesma situação se seu coração fosse uma estufa com ervas daninhas e espinhos.

Talvez já tenha ouvido a piada de um homem que chegou em casa um dia e encontrou a esposa muito mal-humorada. Chegou às seis e meia da tarde e passou uma hora procurando animá-la. Nada funcionou. Finalmente ele disse: "Vamos começar tudo de novo e fingir que acabei de chegar em casa". Ele foi para fora e, quando abriu a porta, a esposa disse: "São sete e meia e só agora você está chegando do trabalho?"

A esposa estava colhendo o resultado de uns poucos pensamentos, que na verdade eram como sementes de ervas daninhas. Façamos uma pausa para aplicar algo importante. Se o coração é uma estufa e nossos pensamentos são como sementes, não deveríamos ser mais cuidadosos quanto àquilo que plantamos? Não deveríamos ser mais seletivos quanto às sementes que permitimos que entrem na estufa? Não deveria haver uma sentinela na porta? Guardar o coração não é uma tarefa estratégica? De acordo com a Bíblia, é: "Sobre tudo o que se deve guardar, guarda o teu coração, porque dele procedem as saídas da vida" (Pv 4.23). Ou como diz uma outra tradução, "Tome muito cuidado com suas emoções porque elas afetam toda a sua vida" (BV).

Que afirmação verdadeira! Teste esse princípio e veja se não concordará.

Dois motoristas são obrigados a reduzir a velocidade em um mesmo congestionamento. Um deles fica aflito, pensando: "Minha agenda ficará desorganizada". O outro suspira aliviado: "Que boa oportunidade para diminuir um pouco o ritmo".

Duas mães enfrentam o mesmo tipo de tragédia. Uma delas se sente destruída: "Nunca superarei isto". A outra está desanimada, porém determinada: "Deus me ajudará a superar esta situação".

Dois executivos experimentam o mesmo sucesso. Um deles age como se desse tapinhas em suas próprias costas e se torna altivo. O outro dá o crédito a Deus e prospera agradecido.

Dois maridos cometem o mesmo fracasso. Um deles assume, com amargura, que ultrapassou o limite da graça de Deus. O outro, com gratidão, assume que descobriu uma nova profundidade da graça de Deus.

"Sobre tudo o que se deve guardar, guarda o teu coração, porque dele procedem as saídas da vida".

Vamos olhar para isso a partir de um outro ângulo. Suponha que eu lhe peça que tome conta de minha casa, enquanto vou à cidade. Você se empenha para manter tudo na mais perfeita ordem. Mas quando retorno, encontro o lugar na mais completa anarquia. O carpete rasgado, as paredes manchadas, a mobília quebrada. Sua explicação não é convincente: alguns ciclistas chegaram precisando de um lugar para ficar. Além disso, alguém do time de rugby telefonou à procura de um lugar para a festa deles. E, para completar, havia também o grêmio de estudantes — eles precisavam de um lugar para realizar sua cerimônia de abertura.

Como proprietário, tenho uma pergunta: "Você não sabe como dizer não? Esta não é a sua casa. Você não tem o direito de deixar entrar qualquer pessoa que simplesmente quiser entrar".

Já pensou que Deus gostaria de dizer o mesmo para nós?

GUARDANDO O NOSSO CORAÇÃO

Temos que admitir que alguns de nós têm o coração obstruído com lixo. Qualquer ralé bate à porta e já a escancaramos. A ira aparece, e a deixamos entrar. A vingança precisa de um lugar para ficar, e assim lhe oferecemos uma cadeira. A mágoa quer fazer uma festa, então a encaminhamos para a cozinha. Os desejos carnais tocam a campainha, e mudamos os lençóis da cama. Não sabemos dizer não?

Muitos não sabem. Para a maioria de nós, o controle de nossos pensamentos é, bem... não pensar nisso. Pensamos muito sobre o gerenciamento do tempo, sobre o controle do peso, sobre a nossa administração pessoal, e até mesmo sobre o controle da calvície. Mas o que fazemos em termos de controle dos nossos pensamentos? Não deveríamos estar preocupados em exercer domínio sobre nossos pensamentos, o tanto quanto estamos preocupados em controlar qualquer outra coisa? Jesus estava. Como um soldado treinado guardando as portas de uma cidade, Ele guardava a sua própria mente. Ele guardava, de maneira obstinada, o acesso a seu coração. Muitos pensamentos tinham o acesso recusado. Precisamos de alguns exemplos?

Que tal a arrogância? Em certa ocasião, o povo decidiu fazer de Jesus seu rei. Que pensamento atraente. A maioria de nós se deleitaria com a idéia de fazer parte da realeza. Mesmo que recusássemos a coroa, apreciaríamos muito o convite. Jesus não. "Sabendo, pois, Jesus que haviam de vir arrebatá-lo, para o fazerem rei, tornou a retirar-se, ele só, para o monte" (Jo 6.15).

Um outro dramático exemplo ocorreu durante uma conversa de Jesus com Pedro. Ouvindo Jesus anunciar a sua iminente morte na cruz, o impetuoso apóstolo fez objeção. "Senhor... de modo nenhum te acontecerá isso" (Mt 16.22). Aparentemente, Pedro estava a ponto de questionar a necessidade do Calvário. Mas ele nunca teve essa chance. Cristo bloqueou o acesso. Ele colocou em disparada tanto o mensageiro como o autor da heresia: "Ele, porém, voltando-se, disse a Pedro: Para trás de mim, Satanás, que me serves de escândalo; porque não compreendes as coisas que são de Deus, mas só as que são dos homens" (Mt 16.23).

E o que diríamos sobre a ocasião em que escarneceram de Jesus? Você já passou pela experiência de ter alguém zombando de você? Jesus também teve. Em resposta a um apelo de curar uma garota enferma, entrou na casa onde morava e recebeu a notícia de que havia morrido. Sabe o que Ele respondeu? "A menina não está morta, mas dorme". Qual foi a reação das pessoas que estavam na casa? "E riram-se dEle". Da mesma maneira que todos nós, Jesus teve que enfrentar um momento de humilhação. Mas de uma maneira diferente da maioria de nós, recusou-se a aceitá-la. Observe sua atitude determinada: "Ele, tendo-os feito sair..." (Mc 5.39,40). A ridicularização não foi permitida na casa da garota e nem na mente de Cristo.

Jesus guardou o seu coração. Se Ele o fez, não deveríamos fazer o mesmo? Com absoluta certeza! "Sobre tudo o que se deve guardar, guarda o teu coração, porque dele procedem as saídas da vida" (Pv 4.23).

Jesus quer que o seu coração seja fértil e frutífero. Ele quer que você tenha um coração como o dEle. Esse é o objetivo de Deus para você. Ele quer que você pense e aja como Cristo Jesus (Fp 2.5). Mas como? A resposta é surpreendentemente simples. Podemos ser transformados se tomarmos uma decisão: *Eu submeterei os meus pensamentos à autoridade de Jesus.*

É fácil passar despercebido pela importante reivindicação feita por Cristo na conclusão do Evangelho de Mateus: "É-me dado todo o poder no céu e na terra" (Mt 28.18). Jesus afirma ser o chefe, o dono, o comandante supremo do céu e da terra. Ele tem a última palavra em todas as coisas, especialmente quando se trata de nossos pensamentos. Ele possui mais autoridade, por exemplo, do que os seus pais. Talvez os seus pais digam que você não tem valor, mas Jesus diz que você é precioso, e Ele tem autoridade sobre os seus pais. Ele possui mais autoridade sobre você do que você mesmo. Provavelmente você diga a si mesmo que é muito mau para que possa ser perdoado, mas Jesus tem uma opinião diferente. Se der a Ele autoridade sobre sua mente, então os seus pensamentos de culpa não serão mais permitidos.

Jesus também tem autoridade sobre as suas idéias. Suponha que você tenha a idéia de roubar uma mercearia. Jesus, contudo, deixou claro que roubar é errado. Se você já entregou a Ele a autoridade sobre os seus planos, então o plano de roubar não tem mais a permissão de permanecer em seus pensamentos.

Entende o que quero dizer quando falo em autoridade? Para que tenhamos um coração puro, devemos obrigatoriamente submeter todos os nossos pensamentos à autoridade de Cristo. Se quisermos fazê-lo, Ele nos transformará para que sejamos como Ele. É assim que funciona.

MONTE GUARDA NA ENTRADA

Voltemos à imagem da estufa. O seu coração é uma estufa fértil, pronta para produzir bons frutos. Sua mente é a porta de entrada de seu coração — o lugar estratégico onde você determina quais as sementes que serão plantadas e quais as que serão descartadas. O Espírito Santo está pronto a ajudá-lo a controlar e filtrar os pensamentos que tentam entrar. Ele é capaz de ajudá-lo a guardar o seu coração. Ele permanece com você no limiar, na entrada.

Um pensamento se aproxima, um pensamento questionável. Você se precipita a abrir a porta e deixá-lo entrar? Claro que não. Você "luta para capturar cada pensamento até que estes pensamentos se submetam à autoridade de Cristo" (2 Co 10.5, versão Phillips). Você não deixa a porta desguarnecida. Você permanece equipado com algemas e grilhões, pronto para capturar qualquer pensamento que seja impróprio para entrar.

Apenas com o propósito de ilustrar esta discussão, digamos que um pensamento que tenha a ver com seus valores pessoais se aproxime. Com toda a petulância de uma vizinhança que gosta de intimidar, o pensamento se aproxima da porta arrogantemente e diz: "Você é um perdedor. Por toda a sua vida tem sido um derrotado. Os bons relacionamentos, o sucesso no trabalho e as ambições foram levados para bem longe do seu alcance. Você deveria também adicionar a palavra 'vagabundo' ao seu curriculum vitae, porque isso é o que você é".

Uma pessoa comum abriria a porta e deixaria que esse pensamento entrasse. Como uma semente de erva daninha, ele encontraria um solo fértil, lançaria raízes e produziria espinhos de inferioridade. Uma pessoa de conhecimento mediano diria: "Você está certo. Sou um vagabundo. Vá em frente, entre".

Mas como cristão, você não é uma pessoa de conhecimento mediano, um cidadão comum. Você é dirigido pelo Espírito Santo. Então, ao invés de deixar que o pensamento entre, você o leva cativo. Você o algema e marcha em direção ao tribunal, onde o apresentará perante a cadeira de juiz de Cristo.

"Jesus, este pensamento diz que sou um vagabundo e um perdedor, e que nunca alcançarei nada. O que você pensa sobre isso?"

Percebe o que estará fazendo? Estará submetendo o pensamento à autoridade de Jesus. Se Jesus concordar com o pensamento, então deixe que ele entre. Se Ele não concordar, lance-o fora. No exemplo que demos acima, Jesus discorda completamente do pensamento.

Como saber se Jesus concorda ou discorda? Abra a sua Bíblia. O que é que Deus pensa a seu respeito? Efésios 2.10 é um bom lugar para verificar: "Porque somos feitura sua, criados em Cristo Jesus para as boas obras, as quais Deus preparou para que andássemos nelas". Ou, que tal Romanos 8.1: "Portanto, agora, nenhuma condenação há para os que estão em Cristo Jesus"?

Sendo assim, obviamente qualquer pensamento que diga que você é inferior ou insignificante não passa nesse teste — e não ganha entrada. Você tem o direito de dar um firme chute no pensamento ameaçador, e vê-lo correr.

Vamos dar um outro exemplo. O primeiro exemplo foi de um pensamento ameaçador; no exemplo seguinte, vamos considerar um pensamento favorável. Este vem não para dizer o quão mau você é, mas o quão bom você é. Ele corre para a entrada e diz, entusiasmado: "Você é bom demais. Você é tão maravilhoso. O mundo tem tanta sorte por ter você". E assim prossegue bajulando-o.

Esse é o tipo de pensamento ao qual uma pessoa normalmente daria boas-vindas. Mas você não faz as coisas da maneira típica. Você guarda o seu coração. Anda no Espírito. E leva cativo todo pensamento. Então, uma vez mais, você vai a Jesus. Submete esse pensamento à autoridade de Cristo. À medida que desembainha a espada do Espírito, a Palavra dEle, aprende que o orgulho não agrada a Deus.

"Não tenham pensamentos que estimem a vossa importância de forma exagerada" (Rm 12.3, versão Phillips).

"Mas longe esteja de mim gloriar-me, a não ser na cruz de nosso Senhor Jesus Cristo" (Gl 6.14).

Mesmo que quisesse dar boas-vindas a esse pensamento presunçoso e recebê-lo em sua estufa, não poderia. Você dá permissão apenas àquilo que Cristo dá.

Mais um exemplo. Desta vez não se trata de um pensamento de crítica ou bajulação, mas de tentação. No caso de um homem, o pensamento vem em um vestido vermelho cintilante. No caso de uma mulher, o pensamento vem na forma de um homem como ela sempre quis. Existe o tocar das mãos, a fragrância no ar, e o convite. "Vamos em frente, está tudo certo. Somos adultos".

O que você faria? Bem, se não estivesse sob a autoridade de Cristo, abriria a porta. Mas se tiver a mente de Cristo, dará um passo para trás e dirá: "Não tão rápido. Terá que contar com a permissão de meu grande irmão". Então levará esta "batata quente" à presença de Jesus e perguntará: "Sim ou não?"

Em nenhum outro lugar Ele responde a essa pergunta mais claramente do que em 1 Coríntios capítulos 6 e 7: "Fugi da prostituição. Todo pecado que o homem comete é fora do corpo; mas o que se prostitui peca contra o seu próprio corpo... Ora, quanto às coisas que me escrevestes, bom seria que o homem não tocasse em mulher; mas, por causa da prostituição, cada um tenha a sua própria mulher, e cada uma tenha o seu próprio marido" (6.18 ; 7.1,2).

Agora armado com a opinião de Cristo e a espada do Espírito, o que você fará? Bem, se a pessoa sedutora não for seu cônjuge, feche a porta e deixe-a do lado de fora. Mas se o convite partir de seu cônjuge, não hesite, vá em frente.

O ponto é esse. Guarde as entradas de acesso ao seu coração. Submeta os seus pensamentos à autoridade de Cristo. Quanto mais seletivo você for em relação às sementes, mais deleite terá com a colheita.

Alegrai-vos na esperança, sede pacientes na tribulação, perseverai na oração.

Romanos 12.12

CAPÍTULO 10

ENCONTRANDO OURO NO LIXO

Um coração cheio de esperança

William Rathje gosta de lixo. Este pesquisador educado na Universidade de Harvard possui a convicção de que somos capazes de aprender muito com os depósitos de lixo do mundo. Os arqueólogos têm freqüentemente examinado o lixo com a finalidade de estudar uma sociedade. Rathje faz o mesmo. O Projeto Lixo, que é o nome pelo qual chama a sua organização, viaja atravessando o continente, escavando aterros e documentando os nossos hábitos alimentares, estilos de vestir e níveis econômicos.[1] Rathje é capaz de encontrar sentido em nosso lixo.

A sua organização documentou que uma família desperdiça em média 10 a 15 por cento de seus alimentos sólidos. Um cidadão americano produz, em média, cerca de 250 gramas de lixo por dia, e o maior depósito de lixo da América, situado próximo à cidade de Nova Iorque, possui uma quantidade de lixo suficiente para encher o Canal do Panamá. De acordo com Rathje, o lixo se decompõe mais lentamente do que imaginamos. Ele encontrou um bife inteiro datado de 1973, além de jornais da época do presidente Truman que ainda podiam ser lidos. Rathje aprende muito observando nossos trastes.

Ler a respeito de Rathje fez-me imaginar: como deverá ser um "lixologista"? Quando ele faz uma palestra, será que se refere a ela como "um lixo de conversa"? Será que quando se reúne com seu grupo de gerentes chama estas reuniões de "revisões acerca do lixo"? Será que suas viagens a negócios são chamadas "detritos"? Quando sonha, durante o dia, com o seu trabalho, será que sua esposa pede a ele que tire seu pensamento do lixo?

Embora prefira deixar o trabalho sujo para Rathje, a atitude dele em relação ao lixo me intriga. Que tal se aprendêssemos a fazer o mesmo? Suponha que mudássemos a maneira pela qual vemos o lixo que aparece em nosso caminho. Afinal de contas, você não suportaria a sua quota de lixo? Tráfego confuso. Computador em pane. Férias postergadas. Então chegam os dias em que um depósito de lixo não poderia conter a quantidade de entulho que enfrentamos: contas de hospital, papéis de divórcio, cortes no pagamento e traições. O que você faz quando um caminhão de tristeza completo é derramado sobre você?

Na parede do escritório de Rathje existe um quadro em uma moldura com uma frase que ele encontrou em algum jornal: "Ouro no lixo". Esse "lixologista" encontra tesouros em meio aos trastes. Jesus fez o mesmo. O que todos encaravam como calamidade, Ele enxergava como oportunidade. E pelo fato de ver o que outros não viam, achou o que outros perderam.

No começo de seu ministério, Jesus falou sobre a nossa visão: "A candeia do corpo são os olhos; de sorte que, se os teus olhos forem bons, todo o teu corpo terá luz. Se, porém, os teus olhos forem maus, o teu corpo será tenebroso. Se, portanto, a luz que em ti há são trevas, quão grandes serão tais trevas!" (Mt 6.22,23).

Em outras palavras, o modo como olhamos para a vida determina como a vivemos. Mas Jesus fez muito mais do que articular esse princípio, Ele foi o seu modelo.

A NOITE MAIS ESCURA DA HISTÓRIA

Na noite que antecedeu a sua morte, um autêntico depósito de aflição despencou sobre Jesus. Algum lugar entre o período em que oravam no Getsêmani e o local onde Jesus passou pela prova do escárnio é onde a cena mais escura da história do drama humano deve ter se passado. Embora o episódio completo não deva ter durado mais do que cinco minutos, o evento teve maldade suficiente para encher milhares de depósitos de lixo. Exceto Cristo, nenhuma das pessoas presentes teve uma atitude boa sequer. Se buscar na cena algumas gramas de coragem ou um pingo de caráter, não encontrará. O que encontrará é o produto do acúmulo do engano e da traição. Mesmo em tudo isso, Jesus enxergou uma razão para ter esperança. E sob o mesmo ponto de vista dEle, encontramos um exemplo para seguir.

"Levantai-vos, partamos; eis que é chegado o que me trai".
E, estando ele ainda a falar, eis que chegou Judas, um dos doze, e com ele grande multidão com espadas e porretes, vinda da parte dos príncipes dos sacerdotes e dos anciãos do povo.
E o traidor tinha-lhes dado um sinal, dizendo: O que eu beijar é esse; prendei-o.
E logo, aproximando-se de Jesus, disse: Eu te saúdo, Rabi. E beijou-o.

Jesus, porém, lhe disse: Amigo, a que vieste? Então, aproximando-se eles, lançaram mão de Jesus e o prenderam.

E eis que um dos que estavam com Jesus, estendendo a mão, puxou da espada e, ferindo o servo do sumo sacerdote, cortou-lhe uma orelha.

Então Jesus disse-lhe: Mete no seu lugar a tua espada; porque todos os que lançarem mão da espada à espada morrerão.

Ou pensas tu que eu não poderia agora orar a meu Pai, e que ele não me daria mais de doze legiões de anjos?

Como pois se cumpririam as Escrituras, que dizem que assim convém que aconteça?

Então disse Jesus à multidão: "Saístes, como para um salteador, com espadas e porretes para me prender? Todos os dias me assentava junto de vós, ensinando no templo, e não me prendestes".

Mas tudo isso aconteceu para que se cumpram as Escrituras dos profetas.

Então, todos os discípulos, deixando-o, fugiram (Mt 26.46-56).

Se um repórter tivesse sido designado para cobrir a matéria referente à prisão, provavelmente se leria o seguinte título na sua reportagem:

NOITE ESCURA PARA JESUS
Pregador galileu abandonado por seus amigos

Durante a última sexta-feira, ele foi recebido com folhas de palmeira. Ontem à noite foi preso com espadas. O mundo de Jesus de Nazaré azedou-se quando foi detido por uma multidão de soldados e cidadãos irados, em um jardim do lado de fora dos muros da cidade. Há apenas uma semana de sua entrada triunfal na cidade, sua popularidade precipitou-se fatalmente. Até mesmo os seus seguidores se recusaram a solidarizar-se com Ele. Os discípulos que se orgulhavam de serem vistos com Ele uma semana antes fugiram na noite passada. Com o clamor público pedindo a sua morte e os discípulos negando qualquer envolvimento, o futuro desse festejado mestre mostra-se desanimador, e o impacto de sua missão mostra-se limitado.

A noite mais escura da vida de Jesus foi marcada por uma crise após outra. Daqui a pouco veremos o que Jesus viu, mas primeiro vamos considerar o que um observador teria testemunhado no Jardim do Getsêmani.

Primeiramente, esse observador pensaria que as orações ali feitas não foram respondidas. Jesus tinha acabado de oferecer um angustiado apelo a Deus. "Meu Pai, se é possível, passa de mim este cálice; todavia, não seja como eu quero, mas como tu queres" (Mt 26.39). Essa não foi uma hora calma e serena de oração. Mateus diz que Jesus estava triste e muito angustiado (Mt 26.37). O Mestre "prostrou-se sobre o seu rosto" (26.39) e clamou a Deus. Lucas conta-nos que Jesus estava "em agonia" e que "o seu suor tornou-se em grandes gotas de sangue que corriam até ao chão" (Lc 22.44).

A terra nunca fizera um pedido tão urgente como esse. E o céu nunca oferecera tamanho silêncio como resposta. Um observador pensaria que a oração de Jesus não fora respondida. Jesus e oração não respondida na mesma frase? Não são antônimos? Será que o filho de Henry (fundador da Ford) não teve nenhum carro da Ford? Será que os filhos de Bill Gates (fundador da Microsoft) não têm computador? Será que Deus, aquele que possui todos os animais sobre todos os montes, negaria algo a seu próprio Filho? Ele o fez naquela noite. Conseqüentemente, Jesus teve que lidar com o dilema de uma petição não concedida. E isso foi só o começo. Veja o que aconteceu na seqüência:

> "E, estando ele ainda a falar, eis que chegou Judas, um dos doze, e com ele grande multidão com espadas e porretes, vinda da parte dos príncipes dos sacerdotes e dos anciãos do povo... Então, aproximando-se eles, lançaram mão de Jesus, e o prenderam" (Mt 26.47-50).

Judas chegou com uma multidão irada. Novamente, da perspectiva de um observador, essa multidão representa uma outra crise. Esse observador pensaria que Jesus teve que enfrentar não apenas uma oração não respondida como também um trabalho infrutífero. O próprio povo que Ele veio salvar vinha agora prendê-lo.

Deixe-me contar-lhe um fato que certamente mudará a sua impressão a respeito daquela noite. Talvez visualize Judas liderando cerca de uma dúzia de soldados, todos carregando duas ou três lanternas. Mateus nos conta, contudo, que "uma multidão" veio para prender Jesus. João é ainda mais específico. O termo que ele emprega é a palavra grega speira, que significa "grupo de soldados" (Jo 18.3). No mínimo, a palavra speira representa um grupo de duzentos soldados. Ela pode ainda descrever um destacamento de mil e novecentos soldados![2]

Munidos da descrição feita por João, seríamos mais precisos se imaginássemos algumas centenas de tropas, como um rio, entrando no jardim. Adicione à cena os observadores anônimos, a quem Mateus se refere simplesmente como "a multidão", e terá idéia do tumulto de pessoas.

É claro que em um grupo desse tamanho, deveria existir alguém disposto a defender Jesus. Ele veio para ajudar a tantos. Todos aqueles sermões que proferiu. Todos aqueles milagres que fez. Agora eles darão fruto. Então ficamos à espera de uma pessoa que declarará: "Jesus é um homem inocente!" Mas ninguém o fez. Nem sequer uma pessoa falou em seu favor. As pessoas que Ele veio para salvar voltaram-se contra Ele.

Somos quase capazes de perdoar a multidão. O contato deles com Jesus foi muito breve, muito casual. Talvez não tivessem ocasião de conhecê-lo melhor. Mas os discípulos tiveram. Eles o conheciam bem. Mas defenderam Jesus? Dificilmente. O mais amargo comprimido que Jesus teve que engolir foi a inacreditável deslealdade por parte dos discípulos.

Judas não foi o único vira-casaca. Mateus foi admiravelmente honesto quando confessou: "Então todos os discípulos, deixando-o, fugiram" (26.56).

Embora uma palavra tão pequena, todos com certeza traz consigo um sentimento de dor. "Todos os discípulos... fugiram". João fugiu. Mateus fugiu. Simão fugiu. Tiago fugiu. Todos fugiram. Não precisamos ir longe para identificar a última vez que essa palavra apareceu. Observe o versículo a apenas algumas linhas antes de nosso texto: "Disse-lhe Pedro: Ainda que me seja necessário morrer contigo, não te negarei. E todos os discípulos disseram o mesmo" (Mt 26.35; itálicos meus).

Todos garantiram a sua lealdade a Jesus, contudo todos correram. Olhando de fora para dentro, tudo o que vemos é falta de lealdade. Os discípulos o deixaram. O povo o rejeitou. E Deus não o ouviu. Nunca uma quantidade tão enorme de lixo foi lançada sobre alguém. Faça uma pilha com toda a deslealdade de pais vadios, de esposas traiçoeiras, filhos pródigos e trabalhadores desonestos, e começará a ver o que Jesus teve que enfrentar naquela noite. Do ponto de vista humano, o mundo de Jesus tinha entrado em colapso. Nenhuma resposta do céu, nenhuma ajuda das pessoas, nenhuma lealdade de seus amigos.

Jesus ficou até o pescoço dentro do lixo. É assim que eu descreveria a cena. É assim que um repórter a descreveria. É assim que uma testemunha teria retratado o quadro. Mas essa não foi a maneira como Jesus o viu. Ele viu algo completamente diferente. Ele não havia se esquecido do desprezo; apenas não se deixou limitar por ele. De algum modo era capaz de enxergar coisas boas no meio de tantas coisas ruins, um propósito na dor, e a presença de Deus no problema.

Poderíamos utilizar um pouco da visão 20/20 de Jesus, não poderíamos? Você e eu vivemos em um mundo cheio de lixo. Entulhos indesejáveis apresentam-se em nosso caminho regularmente. Nós, também, temos orações que parecem não ter sido respondidas e sonhos infrutíferos, e passamos por inacreditáveis situações de falta de lealdade, não é mesmo? Já não carregou um saco de lixo cheio de infortúnios e aflições? Claro que sim. Permita-me perguntar, o que é que fará com isso?

VENDO O QUE JESUS VÊ

Existem várias opções. Você pode escondê-lo. Você pode pegar o saco de lixo e colocá-lo sob o seu casaco, ou ajustá-lo por baixo de seu vestido, e fazer de conta que ele não está lá. Porém, você e eu sabemos que isso não engana ninguém. Além disso, cedo ou tarde exalará mau cheiro. Ou pode disfarçá-lo. Pintá-lo de verde, colocá-lo no gramado em frente e dizer para todo o mundo que é uma árvore. Novamente, ninguém será enganado, e muito cedo exalará mau cheiro. Então o que fará? Se seguir o exemplo de Cristo, aprenderá a enxergar os momentos difíceis de uma outra maneira. Lembre-se: Deus o ama assim como você é, porém se recusa a deixá-lo desse jeito. Ele quer que você tenha um coração cheio de esperança... simplesmente como Jesus.

Aqui está o que Cristo fez.

Ele encontrou coisas boas em meio a tantas coisas ruins. Seria difícil encontrar alguém pior do que Judas. Alguns dizem que era um bom homem, mas precipitado estrategicamente. Isso não me convence. A Bíblia diz: "Judas... mas porque era ladrão, e tinha a bolsa, e tirava o que ali se lançava" (Jo 12.4-6). O homem era um trapaceiro. De algum modo era capaz de viver na presença de Deus, experimentar os milagres de Cristo e permanecer imutável. Ao final, decidiu que era melhor ter dinheiro do que um amigo, então vendeu Jesus por trinta peças de prata. Desculpe-me, mas qualquer vida humana vale mais do que trinta moedas de prata. Judas era um patife, traiçoeiro e vagabundo. Como é que alguém poderia enxergá-lo de outra maneira?

Não sei, mas Jesus foi capaz disso. A apenas alguns centímetros da face daquele que o traiu, Jesus, olhando para ele, disse: "Amigo, a que vieste?" (Mt 26.50). Não sou capaz de imaginar o que é que Jesus viu em Judas que o fazia digno de ser chamado amigo. Mas sei que Jesus não mente; e naquele momento viu algo bom em um homem muito mau.

Ajudaria muito se fizéssemos o mesmo. Como seríamos capazes de fazê-lo? Novamente Jesus nos dá a direção. Ele não colocou toda a culpa em Judas. Ele viu uma outra presença naquela noite: "Mas esta é a vossa hora e o poder das trevas" (Lc 22.53). De forma alguma Judas foi inocente, mas ele também não atuava sozinho. As pessoas que atacam você também não estão agindo sozinhas. "Porque não temos que lutar contra carne e sangue, mas sim contra os principados, contra as potestades, contra os príncipes das trevas deste século, contra as hostes espirituais da maldade, nos lugares celestiais" (Ef 6.12). Aqueles que agem com deslealdade para conosco são vítimas de um mundo caído. Não precisamos colocar toda a culpa sobre essas pessoas. Jesus encontrou coisas suficientemente boas na face de Judas para chamá-lo de amigo, e Ele é capaz de nos ajudar a fazermos o mesmo com as pessoas que nos ferem.

Jesus não apenas descobriu coisas boas em meio às ruins, mas também encontrou propósito na dor. *Das noventa e oito palavras que Jesus falou em sua detenção, trinta referem-se aos propósitos de Deus.*

"Como pois se cumpririam as Escrituras, que dizem que assim convém que aconteça?" (Mt 26.54).

"Mas tudo isso aconteceu para que se cumpram as Escrituras dos profetas" (Mt 26.56).

Jesus escolheu enxergar a sua luta imediata como uma parte necessária de um plano maior. Ele visualizava o conflito do Getsêmani como um capítulo importante porém singular do grande drama escrito por Deus.

Testemunhei algo semelhante em uma viagem recente. Minha filha Andréa e eu estávamos em um vôo para St. Louis. Devido às tempestades, o vôo sofreu um atraso e foi desviado para outra cidade, onde permanecemos na pista esperando que as nuvens de chuva passassem e pudéssemos decolar novamente. Enquanto olhava com insistência meu relógio e tamborilava com meus dedos, imaginando quando chegaríamos, o homem a meu lado, do outro lado do corredor, bateu levemente em meu braço e perguntou se eu poderia lhe emprestar a minha Bíblia. Eu a emprestei. Ele se voltou para uma jovem sentada a seu lado, abriu a Bíblia, e os dois leram as Escrituras durante todo o percurso.

Após certo tempo, o céu clareou e terminamos nossa viagem. Estávamos aterrizando em St. Louis quando ele me devolveu a Bíblia e explicou em voz baixa que era o primeiro vôo da moça. Ela tinha recentemente se engajado nas forças armadas e estava deixando o lar pela primeira vez. O homem havia perguntado se ela acreditava em Cristo, e a jovem respondeu que desejava mas não sabia como fazê-lo. Foi então que ele pediu minha Bíblia emprestada e falou-lhe a respeito de Jesus. Quando aterrizamos, ela disse ao passageiro que acreditava em Jesus como o Filho de Deus. Desde então fiquei pensando sobre aquele episódio. Será que Deus trouxe a tempestade para que a moça pudesse ouvir o Evangelho? Será que Deus fez com que houvesse um atraso em nossa chegada para que ela tivesse mais tempo para aprender a respeito de Jesus? Eu não atribuiria isso a nada ou a ninguém além dEle. Foi assim que Jesus escolheu encarar a tempestade que lhe sobreveio no caminho: uma turbulência necessária para o cumprimento do plano de Deus. Onde outros viram céus cinzentos, Jesus viu uma ordem divina. O seu sofrimento foi necessário para cumprir as profecias, e o seu sacrifício foi necessário para cumprir a lei.

Você não adoraria ter um coração cheio de esperança? Enxergar o mundo através dos olhos de Jesus? Onde alguém poderia ver uma prece não respondida, Jesus viu uma oração atendida. Onde vemos ausência de Deus, Jesus enxergou o plano de Deus. Observe especificamente este versículo: "Ou pensas tu que eu não poderia, agora, orar a meu Pai, e que ele não me daria mais de doze legiões de anjos?" (Mt 26.53). De todos os tesouros que Jesus viu naquela situação comparável ao lixo, esse é o mais importante. Ele viu o seu Pai. Ele viu a presença de seu Pai no meio do problema. Doze legiões de anjos estavam dentro do alcance de sua visão.

"Claro, Max, mas Jesus era Deus. Ele era capaz de ver o invisível. Ele possuía olhos que enxergavam o céu e tinham uma visão para o sobrenatural. Não sou capaz de ver como Ele". Talvez ainda não, mas não subestime o poder de Deus. Ele é capaz de mudar a maneira como você encara a vida.

Precisa de provas? Que tal o exemplo de Eliseu e seu servo? Ambos estavam em Dotã quando um rei irado enviou o seu exército para destruí-los.

> E o moço do homem de Deus se levantou mui cedo e saiu, e eis que um exército tinha cercado a cidade com cavalos e carros; então o seu moço lhe disse: Ai! Meu senhor! Que faremos?
> E ele disse: Não temas; porque mais são os que estão conosco do que os que estão com eles. E orou Eliseu, e disse: Senhor, peço-te que lhe abras os olhos, para que veja. E o Senhor abriu os olhos do moço, e viu; e eis que o monte estava cheio de cavalos e carros de fogo, em redor de Eliseu" (2 Rs 6.15-17).

Pelo poder de Deus, o servo viu os anjos. Quem disse que o mesmo não pode acontecer na sua vida?

Deus nunca prometeu nos tirar de nossas lutas. Ele promete, contudo, mudar nossa maneira de encará-las. O apóstolo Paulo dedica um parágrafo a listar tipos de lixo: dificuldades, problemas, sofrimentos, fome, nudez, perigo e morte violenta. Estes são exatamente os grandes "lixões" de dificuldades dos quais esperamos escapar. Paulo, contudo, declara o valor deles. "Mas em todas estas coisas somos mais do que vencedores, por aquele que nos amou" (Rm 8.35-37). Nós preferiríamos uma outra expressão. Optaríamos por "separados de todas estas coisas", ou "longe de todas estas coisas", ou mesmo "sem estas coisas". Mas Paulo diz "em todas estas coisas". A solução não é evitar as dificuldades, mas mudar a maneira como encaramos as nossas dificuldades.

Deus é capaz de corrigir a sua visão.

Ele pergunta: "Quem fez a boca do homem? Ou quem fez o mudo, ou o surdo, ou o que vê...?" Então completa: "Não sou eu, o Senhor?" (Êx 4.11).

Deus permitiu que Balaão enxergasse o anjo, que Eliseu enxergasse o exército, que Jacó enxergasse a escada, e que Saul enxergasse o Salvador.

Mais de um indivíduo fez o mesmo pedido que o homem cego fez: "Mestre, que eu tenha vista" (Mc 10.51). E mais de um foi despedido com uma visão clara. Quem é que diz que Deus não fará o mesmo por você?

Cantai ao Senhor um cântico novo, cantai ao Senhor, todos os moradores da terra. Cantai ao Senhor, bendizei o seu nome; anunciai a sua salvação de dia em dia.

S̲ᴀʟᴍᴏꜱ 96.1,2

Alegrai-vos, antes, por estar o vosso nome escrito nos céus.

Lᴜᴄᴀꜱ 10.20

CAPÍTULO 11

QUANDO O CÉU SE ALEGRA

Um coração regozijante

A minha família fez algo por mim ontem à noite que me deixou pensativo. Prepararam uma festa — uma festa de aniversário surpresa. No início da semana passada eu havia dito a Denalyn que não planejasse nada, exceto uma noite agradável com a família em um restaurante. Ela ouviu apenas a parte que falei sobre o restaurante. Eu não sabia que meia dúzia de famílias se juntaria a nós.

De fato, tentei convencê-la a ficarmos em casa. "Vamos comemorar com um jantar em uma outra noite qualquer", propus. Andréa tinha estado doente. Jenna tinha lição de casa para fazer, e eu tinha passado a tarde assistindo jogos de futebol americano e me sentia cansado. Não estava realmente disposto a me levantar e me arrumar para sair. Pensei que não fosse encontrar dificuldades para convencer as garotas a adiar o jantar. Gente, fiquei surpreso! Não queriam nem pensar nessa possibilidade. Cada uma de minhas objeções encontrou uma frente unânime de resistência. Minha família deixou claro — nós vamos sair para comer.

Como se não bastasse, teríamos que sair em determinado horário. Consenti e me preparei. Porém, para desanimá-las, movime muito lentamente. Estávamos em uma situação de contraste. A minha atitude era "Por que a pressa?" A atitude de minhas filhas era "apresse-se!" Eu estava muito lento. Elas estavam muito rápidas. Eu estava contente por ficar. Elas estavam ansiosas para partir. Para ser honesto, eu estava desnorteado com aquele comportamento. Estavam sendo, ao contrário de suas características, muito prontas. Curiosamente entusiasmadas. Por que tamanha animação? Gosto, é bom que se diga, de uma noite fora como qualquer outra pessoa, porém Sarah foi dando risadinhas durante todo o trajeto até o restaurante.

Somente quando chegamos, o modo de agir das meninas fez sentido para mim. Ao dar o primeiro passo dentro do restaurante, compreendi o entusiasmo. SURPRESA! Não é de estranhar que estivessem agindo de maneira diferente. Sabiam coisas que eu não sabia. Tinham visto o que eu não tinha visto. Já tinham avistado a mesa e os presentes empilhados, e sentiram o cheiro do bolo. A partir do momento que planejaram a festa, fizeram tudo o que foi necessário para que eu não a perdesse.

Jesus faz o mesmo por nós. Ele sabe da FESTA. Num dos mais notáveis capítulos da Bíblia, Lucas 15, Ele conta três histórias. Cada história fala de algo perdido e de algo achado. Uma ovelha perdida. Uma moeda perdida. Um filho perdido. E ao final de cada uma, Jesus descreve uma festa, uma comemoração. O pastor prepara uma festa por causa da ovelha perdida, agora encontrada. A dona de casa prepara uma festa por causa da moeda perdida que foi encontrada. E o pai prepara uma festa em homenagem a seu filho que esteve perdido, mas que foi achado. Três parábolas. Cada uma com a sua respectiva festa. Três histórias, cada uma mostrando a mesma idéia: alegria. Quanto ao pastor que encontrou a sua ovelha, Jesus diz: "E, *achando-a*, a põe sobre seus ombros, cheio de júbilo; e, chegando à sua casa, convoca os amigos e vizinhos" (Lc 15.5,6 itálico meu). Quando a dona de casa encontra a sua moeda perdida, ela anuncia: "Alegrai-vos comigo, porque já *achei* a dracma perdida" (v. 9, itálico meu). E o pai do filho pródigo explica ao relutante irmão mais velho: "Mas era justo alegrarmo-nos e regozijarmo-nos, porque este teu irmão estava morto e reviveu; tinha-se perdido e foi *achado*" (v. 32, itálico meu).

O assunto é claro. Jesus é quem fica mais feliz quando um perdido é encontrado. Para Ele, nenhum momento é comparável ao momento da salvação. Para as minhas filhas, a alegria começou quando eu estava pronto e dentro do carro, a caminho da festa. O mesmo acontece no céu. Quando um filho permite ser vestido de justiça e começa a viagem para o lar celestial, o céu prepara a bebida, afina os instrumentos e lança o confete. "Há alegria diante dos anjos de Deus por um pecador que se arrepende" (v. 10).

Há um século esse versículo fez com que Charles Spurgeon escrevesse:

> Existem celebrações natalinas no céu nas quais os cânticos de adoração a Cristo são mantidos, mas nessas ocasiões Cristo não é glorificado por ter nascido em uma manjedoura, mas sim porque nasce em corações quebrantados. São as ocasiões em que o pastor traz para o lar, em seus ombros, a ovelha perdida; é a ocasião em que a igreja varreu a sua casa e encontrou o dinheiro perdido; e então os amigos e vizinhos são cha-

mados e, juntos, regozijam-se com alegria indescritível e repleta de glória por um único pecador que se arrepende.[1]

Como podemos explicar tamanha alegria? Por que tanto entusiasmo? É necessário admitir que tanta empolgação desperta curiosidade. Não estamos falando de um país repleto de pessoas, ou mesmo de uma cidade com muitas almas; estamos falando sobre a alegria "por um pecador que se arrepende". Como é que uma única pessoa seria capaz de criar tanto júbilo?

Quem poderia pensar que as nossas atitudes causam um impacto tão forte no céu? Somos capazes de viver e morrer deixando nada mais do que um obituário. Nossos maiores atos sobre a terra passam largamente de maneira despercebida e anônima. Ousaríamos pensar que Deus está prestando atenção? De acordo com o versículo acima, está. De acordo com Jesus, as nossas decisões causam um impacto termostático no mundo invisível. Nossas ações sobre o teclado do instrumento musical terrestre acionam as teclas do piano do céu. A nossa obediência puxa as cordas que fazem soar os sinos nas torres celestiais. Quando um filho clama, os ouvidos do Pai inclinam-se. Quando uma irmã chora, lágrimas começam a correr do alto. Quando alguém que viveu em santificação morre, o portão é aberto. E, mais importante ainda, quando um pecador se arrepende, todas as outras atividades cessam, e cada ser celestial comemora.

De modo singular, essa é uma resposta à nossa conversão. O céu não faz festa por outras realizações que alcancemos. Quando somos diplomados, ou quando abrimos o nosso próprio negócio, ou quando temos um bebê, até onde sabemos, os pratos da festa celestial permanecem na geladeira. Por que tanta importância é dada à conversão?

Nós geralmente não compartilhamos tamanho entusiasmo, compartilhamos? Quando ouve a respeito de uma alma que foi salva, você deixa tudo o que está fazendo e comemora? O seu bom dia se torna ainda melhor, ou o seu mau dia é recuperado? O fato nos agrada, mas chegamos a nos regozijar? Nossos corações se incendeiam de alegria? Sentimos pressa de chamar os músicos, repartir um bolo e fazer uma festa? Quando uma alma é salva, o coração de Jesus torna-se como o céu festivo dos Estados Unidos, no dia 4 de julho de cada ano, quando comemoramos a independência de nosso país. O coração dEle fica radiante com explosões de alegria.

Será que se pode dizer o mesmo de nós? Talvez esta seja uma área em que devêssemos prestar mais atenção.

A OBRA-PRIMA DE DEUS

Por que Jesus e seus anjos regozijam-se por um pecador que se arrepende? Será que são capazes de enxergar algo que não enxergamos? Será que sabem algo que não sabemos? Certamente que sim. Conhecem aquilo que está reservado no céu. Viram a mesa, ouviram a música, e mal podem esperar para ver a sua face quando chegar ali. Melhor ainda, mal podem esperar para vê-lo. Quando você chegar e entrar na festa, algo maravilhoso acontecerá. Uma transformação final ocorrerá. Você será simplesmente como Jesus. Beba profundamente de 1 João 3.2: "Ainda não é manifesto o que havemos de ser. Mas sabemos que, quando ele se manifestar, seremos semelhantes a ele".

Você será uma das maiores de todas as bênçãos celestiais! Será a obra-prima de Deus, sua obra de arte. Os anjos ficarão ofegantes. O trabalho de Deus estará completo. Por último, você terá um coração como o dEle.

Amará com um perfeito amor. Adorará com uma face radiante. Ouvirá cada palavra que Deus falar. O seu coração será puro, as suas palavras serão como jóias, os seus pensamentos serão como tesouros. Você será simplesmente como Jesus. Você terá, finalmente e para sempre, um coração como o dEle. Visualize o coração de Jesus e estará visualizando o seu próprio coração. Sem culpa. Sem medo. Vibrante e regozijante. Adorando incansavelmente. Discernindo perfeitamente. Como as correntes de águas que descem das montanhas, cristalinas e infindáveis, assim será o seu coração. Você será como Ele é.

E como se não fosse o bastante, todos os outros também serão como Ele. "O céu é o lugar perfeito para aqueles que foram aperfeiçoados".[2]

O céu é habitado por aqueles que permitiram que Deus os transformasse. Discussões cessarão porque o ciúme não existirá mais. Suspeitas não virão à tona porque não existirão segredos. Todo o pecado se foi. Toda a insegurança estará em esquecimento. Todo o medo fará parte do passado. Puro trigo. Nenhuma erva daninha. Puro ouro. Nenhuma liga, nenhuma mistura. Puro amor. Nenhuma paixão. Pura esperança. Nenhum medo. Não se admire de que os anjos se regozijem quando um pecador se arrepende; eles conhecem uma outra obra de arte, que logo adornará a galeria de Deus. Conhecem o que está reservado no céu.

Existe ainda outra razão para a comemoração. Parte do entusiasmo é devido à nossa chegada. A outra parte é devido à nossa entrega. Jesus regozija-se por estarmos sendo conduzidos ao céu, mas Ele igualmente se regozija por sermos salvos do inferno.

DO QUE SOMOS SALVOS

Uma frase resume o horror do inferno: "Deus não está lá".

Pense por um momento na seguinte questão: o que aconteceria se Deus não estivesse presente na terra? Se você pensa que as pessoas são capazes de serem cruéis agora, imagine sem a presença de Deus. Se pensa que somos brutais uns com os outros agora, imagine o mundo sem o Espírito Santo. Se pensa que existe solidão, desespero e culpa agora, imagine a vida sem o toque de Jesus. Sem perdão. Sem esperança. Sem atos de bondade. Sem palavras de amor. Nenhum alimento mais será dado em nome dEle. Nenhuma música será cantada em seu louvor. Nada mais será feito em sua honra. Se Deus retirasse os seus anjos, a sua graça, a sua promessa de eternidade e os seus servos, como seria o mundo?

Tudo isso numa só palavra, inferno. Ninguém para lhe confortar e nenhuma música para lhe aliviar. Um mundo em que os poetas não escrevem sobre o amor e os trovadores não cantam a esperança, porque o amor e a esperança foram passageiros do último navio. A última embarcação partiu e o hino do inferno possui apenas duas palavras: "se tão-somente".

De acordo com Jesus, o inferno conhece apenas um som: "Pranto e ranger de dentes" (Mt 22.13). Do inferno vem um som de dores, um interminável gemido, como se os seus habitantes se dessem conta da oportunidade que perderam. Sabe-se lá o que não estariam dispostos a dar por uma nova chance. Porém, a chance se foi (Hb 9.27).

POSSÍVEIS DEUSES E DEUSAS

Você é capaz de enxergar agora por que os anjos se regozijam quando um pecador se arrepende? Jesus está a par do que espera pelos salvos. Também conhece o que está à espera dos condenados. Você pode compreender por que devemos igualmente nos regozijar? Como seremos capazes disso? Como os nossos corações poderão ser transformados a fim de que nos regozijemos tal como Jesus se regozija?

Peça a Deus que lhe ajude a ter a visão eterna de mundo que Ele tem. Sua visão da humanidade é completamente simples. Sob a perspectiva dEle, cada pessoa está na seguinte condição:

- Entrando pela porta estreita ou pela porta larga (Mt 7.13,14).
- Viajando pela estrada estreita ou pela estrada larga (Mt 7.13,14).
- Construindo sobre a rocha ou sobre a areia (Mt 7.24-27).
- Sendo sábia ou tola (Mt 25.2).
- Preparada ou despreparada (Mt 24.45-51).
- Produzindo fruto ou infrutífero (Mt 25.14-27).
- A caminho do céu ou atada ao inferno (Mc 16.15,16).

No naufrágio do transatlântico Titanic, mais de duas mil e duzentas pessoas foram lançadas nas águas geladas do Atlântico. Em terra, os nomes dos passageiros foram colocados em duas simples colunas — salvos e perdidos.[3] A lista de Deus é igualmente simples.

O nosso livro de registro, contudo, é repleto de colunas desnecessárias. Ele é rico? Ela é bonita? Qual é o trabalho dele? De que cor é sua pele? Tem curso superior? Esses tópicos são irrelevantes para Deus. E, à medida que Ele nos molda mais e mais a fim de sermos simplesmente como Jesus, também se tornam irrelevantes para nós. "Portanto, deixem de estar avaliando os cristãos pelo que o mundo pensa a respeito deles ou por aquilo que aparentam ser exteriormente" (2 Co 5.16, BV). Ter um coração como o dEle é olhar no rosto de pessoas salvas e se regozijar! Sendo como Jesus, estão livres da sepultura eterna. Ter um coração como o dEle é olhar para a face das pessoas não salvas e orar, porque a menos que se convertam, estarão a um passo do tormento eterno.

C.S. Lewis enunciou esse tema da seguinte maneira:

> Como é sério viver em uma sociedade que admite possíveis deuses e deusas, lembrar que a pessoa mais monótona e desinteressante com que você conversa pode vir a ser uma criatura tal que, se você a visse agora, seria fortemente tentado a adorar; ou, então, um ser tão horrível e corrompido como só encontrado em pesadelos. Durante o dia todo estamos em diferentes intensidades, ajudando a um ou a outro em direção a um desses dois destinos.[4]

Meu desafio para você é simples. Peça a Deus que o ajude a ter a eterna visão dEle sobre o mundo. Todas as pessoas com quem você se encontra estão convidadas para o jantar. Quando uma disser "sim", comemore! E quando alguma agir preguiçosamente como fiz naquela noite, proceda como minhas filhas. Faça com que ela se movimente e apresse-a para que se apronte. Já está quase na hora da festa, e você não vai querer que essa pessoa fique de fora.

Deixemos todo embaraço... e corramos, com paciência, a carreira que nos está proposta.

Hebreus 12.1

CAPÍTULO 12

TERMINANDO FIRME

Um coração que resiste

Um dos livros em minha estante trata do poder dos abdominais. A capa mostra um homem flexionando sua barriga esbelta. O seu estômago tem mais ondulações e saliências do que um açude em dia de ventania. Inspirado, comprei o livro, li sobre a aplicação geral e fiz os exercícios... durante uma semana.

Não muito longe do livro sobre abdominais está uma série de fitas cassete sobre leitura dinâmica. Essa compra foi uma idéia de Denalyn, mas quando li o anúncio fiquei igualmente entusiasmado. O curso promete fazer por minha mente o que o livro sobre o poder dos abdominais prometeu fazer por meu estômago — torná-lo como aço. A contracapa promete que ao concluir a série de seis semanas, a pessoa estará apta a ler duas vezes mais rapidamente, retendo o dobro de informações. Tudo o que se tem a fazer é ouvir as fitas — o que pretendo fazer... algum dia.

Lá está também meu frasco de minerais essenciais. Um quilo de pura saúde. Uma drágea por dia e terei ingerido a minha cota de cálcio, cloretos, magnésio, sódio e sessenta e seis outros elementos vitais encontrados na terra (contém até mesmo traços de ferro, o que é bom, já que perdi o ânimo de transformar meu abdome em ferro e minha mente num armazém de aço). O entusiasta que me vendeu as cápsulas de minerais convenceu-me de que trinta dólares era um preço insignificante a pagar por uma boa saúde. Concordo. Apenas continuo me esquecendo de tomá-las.

Não me entenda mal. Nem todas as coisas em minha vida são incompletas (este livro está concluído... bem, quase). Confesso, porém, que nem sempre concluo aquilo que começo. E certamente não sou o único. Há algum projeto não concluído sob o seu telhado? Quem sabe um aparelho para fazer exercícios, cuja função há muito tempo tem sido servir para pendurar toalhas? Ou um curso, ainda nem aberto, de artesanato, do tipo "faça você mesmo"? Que tal aquela cobertura não concluída no quintal, ou ainda uma piscina só meio escavada, ou um jardim mal acabado? E não vamos sequer tocar no tópico das dietas e perda de peso, certo?

Você sabe tão bem quanto eu: uma coisa é começar algo, outra totalmente diferente é concluí-la. Talvez pense que lhe falarei sobre a importância de concluir todas as coisas. Pode ser que você esteja amarrando-se a si mesmo para receber uma punição de minha parte.

Se for o caso, relaxe. "Não comece aquilo que não será capaz de terminar" não é um de meus tópicos. E também não vou dizer nada sobre o que é usado para pavimentar a estrada que leva ao inferno. Para ser honesto, não creio que deva concluir tudo o que começo. (Todo estudante com lição de casa ficou agora animado.)

Existem certas coisas que é melhor ficarem por concluir, e alguns projetos deveriam sabiamente ser abandonados. (Embora eu não inclua as lições de casa como uma delas.) É possível nos tornarmos tão obcecados por concluir as coisas que nos tornemos cegos quanto à eficácia delas. O simples fato de haver um projeto sobre a mesa não significa que este não possa ser devolvido à prateleira. Não, meu desejo não é convencê-lo a concluir todas as coisas. O meu anseio é encorajá-lo a concluir aquilo que precisa ser concluído. Certos projetos são opcionais — como a prancha abdominal e a leitura dinâmica. Outras corridas são essenciais — como a corrida da fé. Considere a seguinte admoestação do autor de Hebreus: "Corramos com paciência a carreira que nos está proposta" (Hb 12.1).

A CARREIRA

Se o golfe existisse quando foi escrito o Novo Testamento, estou certo de que os escritores teriam falado, por exemplo, de cunhas para os pés, mas como não existia, escreveram sobre corridas. A palavra "carreira" vem do grego agon, da qual temos a palavra "agonia". A carreira do cristão não é um exercício físico, mas sim uma árdua, exaustiva e, algumas vezes, agonizante carreira. Ela requer um esforço maciço para que o corredor vá até o fim e, ao término, ainda esteja forte.

É provável que você já tenha percebido que muitos não a concluem assim. É certo que já tenha observado que existem muitos que vão ao lado da pista. Eles costumavam correr. Houve ocasiões em que estavam na dianteira. Mas então o cansaço chegou. Não pensavam que a carreira seria tão dura. Ou foram desencorajados por algum baque ou por se assustarem com algum outro corredor. Seja qual for o motivo, não correm mais. Eles devem ser cristãos. Devem vir à igreja. Devem colocar um dólar como oferta e esquentar um dos bancos da igreja, mas seus corações não estão na carreira. Aposentaram-se antes do tempo. A menos que algo mude, o melhor trabalho dessas pessoas terá sido o seu primeiro trabalho, e terminarão se lamuriando.

Em contraste, o melhor trabalho de Jesus foi o seu trabalho final, e seu passo mais firme foi o último. Nosso Mestre é o clássico exemplo de alguém que resistiu. O escritor aos Hebreus vai além para dizer que Jesus "Suportou tais contradições dos pecadores contra si mesmo" (Hb 12.3). A Bíblia diz que Jesus "suportou", e isto implica que Jesus poderia ter "abandonado". O maratonista poderia ter desistido, se sentado, ido para casa. Ele poderia ter abandonado a carreira. Mas não o fez. Ele "suportou tais contradições dos pecadores contra si mesmo".

A RESISTÊNCIA

Você já pensou sobre as coisas más que foram feitas a Cristo? Pode imaginar as ocasiões em que Jesus poderia ter desistido? Que tal a ocasião de sua tentação? Você e eu sabemos o que é resistir a um momento de tentação, ou a uma hora de tentação, ou mesmo a um dia de tentação. Mas quarenta dias? Isso foi o que Jesus enfrentou. "E foi levado pelo Espírito ao deserto. E quarenta dias foi tentado pelo diabo" (Lc 4.1,2).

Imaginamos a tentação no deserto como três eventos isolados, pulverizados em um período de quarenta dias. Deve ter sido assim. Na realidade, o tempo de prova de Jesus não teve nenhuma pausa; "e quarenta dias foi tentado pelo diabo". O inimigo "grudou" em Jesus como se fosse uma camisa e recusou-se a deixá-lo. A cada passo, falando baixinho aos ouvidos de Jesus. A cada meia volta, semeando a dúvida. Jesus foi impactado pelo diabo? Aparentemente sim. Lucas não diz que Satanás procurou tentar Jesus. Não se lê no versículo que o diabo experimentou tentar Jesus. Não, a passagem é clara: "Foi tentado pelo diabo". Jesus foi tentado, foi testado. Tentado a mudar seus planos? Tentado a voltar para casa? Tentado a estabelecer um reino terrestre? Não sei, mas sei que foi tentado. Uma guerra interior foi travada. Uma pressão estressante o combatia exteriormente. E desde que começou a ser tentado, Ele poderia ter abandonado a carreira. Mas não o fez. Continuou correndo.

A tentação não o deteve e nem as acusações foram capazes disso. Você é capaz de imaginar como deve ser participar de uma corrida e ser criticado pelo público?

Anos atrás participei de uma corrida chamada Corrida 5K. Nada sério, apenas um evento esportivo para levantar fundos para caridade. Como não era o mais sábio dos corredores, larguei dando passadas impossíveis. Ao cabo de uma milha já me faltava ar. No momento certo, contudo, os espectadores começaram a me encorajar. Observadores simpatizantes me incentivavam. Uma moça compassiva me dava copos de água, outra esguichava água sobre nós com uma mangueira. Nunca tinha visto aquelas pessoas, mas isso não importava. Eu precisava de uma voz de estímulo, e eles me deram. Amparado pela confiança delas, prossegui.

O que aconteceria se nos momentos mais duros da carreira, eu tivesse ouvido palavras de acusação e não de encorajamento? E o que aconteceria se as acusações não tivessem vindo de estranhos, que eu pudesse eliminar de meu pensamento, mas de meus vizinhos e de minha família?

Como se sentiria se alguém lhe dissesse as seguintes palavras enquanto corresse:

"Ei, mentiroso! Por que não faz algo honesto na vida?" (veja Jo 7.12).

"Aí vem o estrangeiro. Por que não volta para a terra a que pertence?" (veja Jo 8.48).

"Desde quando permitem que filhos do demônio participem da corrida?" (veja Jo 8.48).

Foi isso o que aconteceu com Jesus. Sua própria família o chamou de lunático. Seus vizinhos o trataram ainda pior. Quando Jesus retornou à sua cidade, tentaram lançá-lo de um penhasco (Lc 4.29). Mas Ele não escapou correndo. As tentações não conseguiam desanimá-lo. As acusações não o derrotavam nem a vergonha mudava os propósitos de seu coração. Convido você a meditar cuidadosamente sobre o teste supremo que Jesus enfrentou em sua carreira. Hebreus 12.2 oferece esta intrigante declaração: "Jesus... suportou a cruz, desprezando a afronta"; como se a afronta nada fosse.

A vergonha é um sentimento de desgraça, embaraço e humilhação. Perdoe-me por forçar sua memória, mas você não possui um momento vergonhoso em sua história? Você é capaz de imaginar o horror que sentiria se as outras pessoas vissem esse momento? E se uma fita de vídeo exibisse aquele evento diante de sua família e amigos? Como é que você se sentiria?

Pois foi exatamente o que Jesus sentiu. "Por quê?" você pergunta. "Ele nunca fez nada digno de vergonha". Ele não, mas nós fizemos. E desde que na cruz Deus fez com que Ele se tornasse pecado (2 Co 5.21), Jesus foi coberto de vergonha. Ele foi envergonhado diante de sua família. Foi deixado nu diante de sua própria mãe e daqueles a quem amava. Foi envergonhado diante das outras pessoas. Foi forçado a carregar a cruz até que o peso dela o fizesse tropeçar. Foi envergonhado diante de sua igreja. Os pastores e anciãos de seus dias zombavam dEle, chamando-o por nomes. Foi envergonhado diante da cidade de Jerusalém. Foi condenado a morrer como um criminoso. Pais, provavelmente, apontavam para Ele à distância e diziam a seus filhos: "Isto é o que se faz a homens malfeitores".

Mas a vergonha vivida diante dos homens não se compara à vergonha que Jesus sentiu diante de seu Pai. Nossa vergonha individual parece excessivamente grande para podermos carregá-la. Você é capaz de imaginar o que deve ser carregar a vergonha coletiva, da humanidade inteira? Uma onda de vergonha depois da outra era depositada sobre Jesus. Embora Ele nunca tivesse usado de engano, foi condenado como se fosse um enganador. Embora nunca tenha roubado, o céu reputou-o como bandido. Embora nunca tenha mentido, foi considerado um mentiroso. Embora nunca tenha dado lugar às paixões carnais, carregou consigo a vergonha de um adúltero. Embora sempre tenha crido, suportou a desgraça como um infiel.

Tais palavras trazem à tona uma pergunta urgente: Como? Como Ele suportou tamanha desgraça? O que foi que deu a Jesus a força necessária para suportar a vergonha do mundo inteiro? Precisamos de uma resposta, não? Assim como Jesus, também nós somos tentados. Assim como Jesus, somos acusados. Assim como Jesus, somos envergonhados. Mas, diferente dEle, desistimos. Nós abandonamos a carreira. Nós nos sentamos.

Como permanecer correndo como fez Jesus? Como os nossos corações podem ter a resistência de Jesus?

Tendo o mesmo foco que Ele teve: "... pelo gozo que lhe estava proposto" (Hb 12.2).

A RECOMPENSA

Esse versículo pode bem representar o maior testemunho já escrito a respeito da glória celestial. Nada foi dito sobre ruas de ouro ou asas de anjos. Nenhuma referência foi feita a músicas ou festas. Até mesmo a palavra "céu" foi omitida do versículo. Mas embora a palavra esteja ausente, o poder não.

Lembre-se, o céu não era estranho a Jesus. Ele foi a única pessoa que viveu na terra depois de ter vivido no céu. Como crentes, você e eu viveremos no céu depois de termos vivido na terra, mas Jesus fez exatamente o contrário. Ele conheceu o céu antes de vir à terra. Ele sabia o que aguardava o seu retorno. E o conhecimento daquilo que o esperava no céu capacitou-o a suportar a vergonha que carregou na terra.

"Pelo gozo que lhe estava proposto, suportou a cruz" (Hb 12.2). Em seus momentos finais, Jesus teve como foco a alegria que Deus colocou diante dEle. Seu foco era o prêmio do céu. Tendo o prêmio como foco, Ele foi capaz não apenas de terminar a carreira, mas de terminá-la e permanecer firme.

Estou dando o melhor de mim para alcançar o mesmo. Em uma experiência de proporções infinitamente menores, eu também estou procurando terminar firme. Você está lendo o penúltimo capítulo deste livro. Por mais de um ano convivi com estas páginas: reunindo pensamentos, cuidando dos parágrafos, perseguindo os melhores verbos e garimpando as conclusões mais fortes. E agora, o final está à vista.

Escrever um livro assemelha-se muito a participar de uma corrida de longa distância. Existe a chama inicial do entusiasmo. Depois vem a queda de energia. Você leva a sério pensamentos sobre desistir, mas então um capítulo o surpreende com o refrigério de uma rampa montanha abaixo. Ocasionalmente, uma idéia o inspirará. Com freqüência, um simples capítulo o cansará — sem mencionar aquelas infindáveis revisões exigidas por incansáveis editores. Mas a maior parte do trabalho tem o ritmo de um atleta que disputa provas de longa distância: extenso, algumas vezes solitário, esforçando-se para manter sua marcha firme.

Rumo ao final, com a linha de chegada à vista e os editores satisfeitos, então chega um entorpecimento de sentidos. Você quer terminar firme. Você busca fundo pela intensidade que tinha meses atrás, porém o estoque já está escasso. As palavras ficam nubladas, as ilustrações fogem, e a mente fica como que paralisada. Você precisa de um empurrão, um impulso, uma inspiração.

Posso contar-lhe onde encontro tais coisas? (Isso pode soar esquisito, mas venha comigo). Através dos anos, escrevendo pelo menos um livro por ano, desenvolvi meu próprio ritual. Quando termino um projeto, promovo um ritual de comemoração. Ela não é regada a champanhe e também não inclui charutos, pois conheço algo muito mais doce. Envolve duas fases.

A primeira é um período de silêncio diante de Deus. No momento em que o manuscrito está no correio, procuro um local retirado e paro. Não digo muitas coisas, e, pelo menos até aqui, Deus também não. O propósito é saborear mais do que falar. Deleitar-me na doce satisfação de uma tarefa concluída. Será que existe uma sensação melhor do que essa? O maratonista sente a fita de chegada contra seu peito. Está concluído. Como é doce o prêmio ao final da jornada. Então, por alguns momentos, Deus e eu o saboreamos juntos. Colocamos a bandeira no pico do Everest e desfrutamos a paisagem.

Então (isso realmente vai soar mundano), eu me alimento. Tento evitar algumas refeições durante meu trabalho em casa, daí fico com fome. Certo ano foi um jantar mexicano em San Antonio River. Em outro ano foi um jantar no próprio quarto, assistindo a um jogo de basquetebol. No ano passado comi peixe em um café à margem de uma rodovia. Algumas vezes Denalyn participa comigo; outras vezes como sozinho. A comida pode variar, e também a companhia, mas uma regra permanece constante. Durante essa refeição permito-me apenas um pensamento. "Terminei". Não é permitido planejar futuros projetos durante essa ocasião. Também desconsidero as tarefas que deverão ser realizadas no dia seguinte. Eu presenteio a mim mesmo num mundo de faz-de-conta e finjo que todo o trabalho de minha vida está concluído.

E durante a refeição, num lampejo, compreendo onde Jesus encontrou sua força. Ele levantou os seus olhos além do horizonte e viu a mesa. Manteve como seu foco a festa. E aquilo que via dava-lhe forças para concluir — e concluir ainda sentindo-se forte.

Tal momento nos espera. Num mundo cuja atenção está voltada para coisas como o poder dos abdominais e leitura dinâmica, tomaremos assento em nosso lugar à mesa. Numa hora que jamais terá fim, repousaremos. Rodeados por santos e transformados à semelhança do próprio Jesus, o trabalho estará realmente concluído. A colheita final terá sido feita, estaremos assentados, e Cristo iniciará o jantar dizendo as seguintes palavras: "Bem está, bom e fiel servo" (Mt 25.23).

E naquele momento, veremos que a carreira foi compensadora.

Tendo iluminados os olhos do vosso entendimento, para que saibais qual seja a esperança da sua vocação e quais as riquezas da glória da sua herança nos santos.

Efésios 1.18

CONCLUSÃO

FIXANDO OS OLHOS EM JESUS

Existem ocasiões em que vemos. E existem ocasiões em que enxergamos. Deixe-me mostrar o que quero dizer:
  Tudo muda na manhã em que você vê o cartaz "Vende-se" no barco de seu vizinho. Trata-se de um barco de fibra de luxo. O barco que você desejou nos últimos três verões. De repente nada mais importa. Uma força tão intensa como a força da gravidade faz com que você pare o seu carro. Suspira como se estivesse vendo o seu sonho brilhando como o sol. Passa os seus dedos pelas bordas do barco, parando apenas para enxugar sua própria baba com a camisa. Enquanto contempla, seu pensamento o transporta para o lago Tamapwantee, onde se encontram somente você, as águas cristalinas e seu luxuoso barco de fibra.
  Ou talvez o parágrafo seguinte descreva melhor o seu caso:
  Tudo muda no dia em que você o vê entrando na sala de aula de inglês. É como se a classe brilhasse. Afetado o bastante para parecer moderno. Elegante o suficiente para demonstrar classe. Não andan-

do tão rapidamente como se demonstrasse nervosismo, nem tão lentamente como se parecesse convencido. Você já o viu antes, porém somente em seus sonhos. Agora ele está realmente aqui. E você não é capaz de tirar os olhos dele. Quando a aula termina, você já memorizou cada cacho de cabelo e cada traço. E quando o dia termina, você decide que ele será seu.

Há ocasiões em que vemos, outras em que *enxergamos*. Há ocasiões em que observamos, em outras memorizamos. Há ocasiões em que reparamos, outras em que estudamos. A maioria de nós sabe o que significa enxergar um novo barco ou um novo rapaz... porém sabemos como é enxergar Jesus? Será que sabemos como ter "os nossos olhos fixos em Jesus"? (Hb 12.2, BLH).

Passamos os doze últimos capítulos olhando para o significado de ser simplesmente como Jesus. O mundo jamais conheceu um coração tão puro e um caráter tão irrepreensível. Sua audição espiritual era tão acurada que Ele nunca perdeu sequer um sussurro celestial. Sua misericórdia era tão abundante que nunca perdeu uma oportunidade de perdoar. Jamais qualquer mentira saiu de seus lábios nem qualquer distração ofuscou a sua visão. Ele oferecia seu toque enquanto outros recuavam. Persistia enquanto outros abandonavam. Jesus é o modelo supremo para cada pessoa. E o que fizemos nestas páginas é precisamente o que Deus o convida a fazer pelo resto de sua vida. Ele orienta você a urgentemente fixar os seus olhos em Jesus. Os céus o convidam a focar as lentes de seu coração no coração do Salvador e fazer dEle o objetivo de sua vida. Por essa razão, quero que encerremos o tempo que passamos juntos com a seguinte pergunta: O que significa enxergar Jesus?

Os pastores de ovelhas podem nos dizer. Para eles, ver os anjos não foi o bastante. Talvez você pense que foi. Naquela noite o céu

Conclusão

foi abalado por um esplendor. O silêncio foi rompido por cânticos. Simples pastores foram acordados de seu sono e postos em pé por um coral de anjos: "Glória a Deus nas alturas!" Aqueles homens nunca tinham visto tamanho esplendor.

Mas ver os anjos não era o bastante. Os pastores queriam ver aquele que tinha enviado os anjos. A partir do fato de não terem ficado satisfeitos até que o vissem, você pode traçar a linha diretiva usada na ocasião, baseado no que disseram os pastores: "Vamos... e *vejamos*" (Lc 2.15, itálico meu).

Não muito atrás dos pastores havia um homem chamado Simeão. Lucas conta-nos que Simeão era um bom homem, e que servia no templo por ocasião do nascimento de Cristo. Lucas também relata que "fora-lhe revelado pelo Espírito Santo que ele não morreria antes de ter visto o Cristo do Senhor" (Lc 2.26). Essa profecia foi cumprida apenas poucos dias depois dos pastores terem visto a Jesus. De alguma maneira, Simeão sabia que aquela criança envolta em panos, nos braços de Maria, era o Deus Todo-Poderoso. E para Simeão, ver Jesus era o bastante. Agora estava pronto para morrer. Alguns não querem morrer até que tenham visto o mundo. O sonho de Simeão não era assim tão tímido. Não queria morrer até que tivesse visto o criador do mundo. Ele queria ver Jesus.

A sua oração foi: "Agora, Senhor, podes despedir em paz o teu servo, segundo a tua palavra, pois já *os meus olhos* viram a tua salvação" (Lc 2.29,30, itálico meu).

Os magos tinham o mesmo desejo. Como Simeão, queriam ver Jesus. Como os pastores, não estavam satisfeitos com o que viram no céu durante aquela noite. Não que a estrela não fosse espetacular. Não que a estrela não fosse histórica. Ser, no mundo, uma testemunha de tamanho esplendor era um privilégio, mas para os magos não era o bastante. Não era o bastante ver a luz que cobria Belém; tinham que ver a Luz de Belém. Foi a Ele que vieram ver.

E foram bem-sucedidos! Todos eles tiveram sucesso. Mais notável do que a perseverança deles foi a disposição de Jesus. Jesus queria ser visto! Viessem eles do pasto ou do palácio, vivessem eles no templo ou entre ovelhas, fosse o presente deles ouro ou uma sincera surpresa... todos eram bem-vindos. Procure um exemplo de qualquer pessoa que, de coração, quis ver o menino Jesus e foi impedido. Você não encontrará.

Encontrará exemplos daqueles que não o buscavam de coração. Aqueles, como o rei Herodes, que se contentavam com menos. Aqueles, como os líderes religiosos, que preferiam ler a respeito dEle do que vê-lo pessoalmente. A proporção entre aqueles que deixaram de vê-lo e aqueles que o buscaram é de milhares para um. Mas a proporção entre aqueles que o buscaram e aqueles que o encontraram foi de um para um. *Todos os que o buscaram o encontraram*. Muito tempo antes das palavras serem escritas, esta promessa já era comprovada: "Deus... é galardoador dos que o buscam" (Hb 11.6).

E os exemplos continuam. Considere João e André. Eles também foram recompensados. Para eles não era o bastante ouvir João Batista. A maioria teria se sentido contente por servir à sombra do evangelista mais famoso do mundo. Poderia existir um professor melhor? Somente um. E quando João e André o viram, deixaram João Batista e seguiram Jesus. Note o pedido que fizeram.

"Rabi", perguntaram, "onde moras?" (Jo 1.38). Uma pergunta muito ousada. Não pediram que Jesus lhes desse um mi-

Conclusão

nuto, ou uma opinião, ou uma mensagem, ou um milagre. Perguntaram o seu endereço. Queriam juntar-se a Ele. Queriam conhecê-lo. Queriam saber qual era a causa da mudança de seus pensamentos, da chama acesa em seus corações e do desejo ardente de sua alma. Queriam estudar o seu olhar e seguir os seus passos. Queriam enxergá-lo. Queriam saber o que o fazia sorrir, e se alguma vez Ele se sentia cansado. E acima de tudo, queriam saber o seguinte: "Poderia Jesus ser quem João disse que Ele era — e se Ele é, o que, afinal de contas, o próprio Deus está fazendo na terra?" Você não será capaz de responder a essa pergunta conversando com o primo dEle; deverá falar diretamente com Ele.

Qual foi a resposta de Jesus para os discípulos? "Vinde e vede" (v. 39). Ele não disse: "Vinde e dai uma passada de olhos" ou "Vinde e espiai". Mas disse: "Vinde e vede". Tragam os seus óculos bifocais e binóculos. Não é hora de uma rápida passada de olhos nem de espiadas ocasionais. "Continuemos com os nossos olhos fixos em Jesus, pois é dele que depende a nossa fé" (Hb 12.2, BLH).

O pescador fixa o seu olhar no barco. A moça fixa o seu olhar no rapaz. O discípulo fixa o seu olhar no Salvador.

Foi o que Mateus fez. Mateus, se você se lembra, foi convertido no exercício de seu trabalho. De acordo com o seu curriculum vitae, ele era um consultor do governo na área de impostos. De acordo com os seus vizinhos, era um trapaceiro. Mantinha um guichê para a cobrança de impostos e uma mão estendida na esquina da rua. Foi ali que ele estava no dia em que viu Jesus. "Segue-me", o Mestre disse, e Mateus obedeceu. No versículo seguinte, encontramos Jesus sentado à mesa da sala de jantar de

Mateus. "Mais tarde, quando Jesus e seus discípulos almoçavam (na casa de Mateus)..." (Mt 9.10, BV).

Uma conversa na calçada não era capaz de satisfazer o coração de Mateus, então ele levou Jesus para seu lar. Algo acontece à mesa do jantar que não acontece à mesa de um escritório. Tira-se a gravata, aquece-se a grelha, abrem-se os refrigerantes e passa-se um período da noite sob o brilho das estrelas. "Sabe, Jesus, perdoe-me por perguntar, mas eu sempre quis saber..."

Novamente, embora o convite seja impressionante, aceitá-lo é ainda mais. Para Jesus não importava que Mateus fosse um ladrão. Não importava que Mateus tivesse construído uma mansão através de extorsão. O que importava era que Mateus queria conhecer Jesus, e já que Deus "é galardoador daqueles que o buscam" (Hb 11.6), Mateus foi galardoado com a presença de Cristo em seu lar.

Mas claro, faz todo o sentido que Jesus gaste tempo com Mateus. Afinal, ele era um ótimo escritor, capacitado para escrever o primeiro livro do Novo Testamento. Jesus sempre se junta a grandes homens como Mateus, André e João, certo?

Permita-me contrariar essa opinião através de um exemplo? Zaqueu estava longe de ser um grande homem. Ele era pequeno, mas tão pequeno, que não era capaz de enxergar através da multidão que se aglomerava em fila nas ruas quando Jesus veio a Jericó. É claro que a multidão permitiria que ele, acotovelando-se, chegasse à linha de frente, se ele, como Mateus, não fosse um cobrador de impostos. Mas como Mateus, ele era, em seu coração, faminto por ver Jesus.

Não bastava ficar em pé atrás da multidão. Nem observar através de um telescópio de papelão. Não seria suficiente ouvir outra pessoa descrever a passagem do Messias. Zaqueu queria ver Jesus

Conclusão

com os seus próprios olhos. Então subiu em um galho de árvore. Vestido em um terno Armani de três peças e calçando sapatos italianos novos em folha, segurava-se sobre uma árvore na esperança de ver a Cristo.

Fico imaginando se você estaria disposto a fazer o mesmo. Você subiria em um galho de árvore para ver Jesus? Nem todas as pessoas o fariam. Na mesma Bíblia em que lemos sobre Zaqueu "escalando" uma árvore, lemos sobre um jovem príncipe. Diferentemente de Zaqueu, a multidão abriu espaço para dar-lhe lugar. Ele era... bem... rico, e um jovem príncipe. Ao saber que Jesus estava nas imediações, pediu uma limusine e cruzou a cidade, aproximando-se do carpinteiro. Por favor, observe a pergunta que fez a Jesus: "Mestre, que bem farei para conseguir a vida eterna?" (Mt 19.16).

Esse príncipe era do tipo objetivo, ia direto ao ponto. Não perdia tempo com formalidades ou conversas inúteis. "Vamos direto ao assunto. A sua agenda é repleta de compromissos; a minha também. Diga-me como posso ser salvo e lhe deixarei em paz".

Não havia nada de errado com a pergunta dele, mas havia um problema com o seu coração. Repare no contraste entre o desejo dele e o de Zaqueu: "Será que sou capaz de subir naquela árvore?"

Ou ainda o de João e André: "Onde moras?"
Ou de Mateus: "O Senhor poderia ficar esta noite?"
Ou de Simeão: "Será que eu poderia permanecer vivo, até que o veja?"
Ou dos magos: "Preparem os camelos. Não vamos parar até que o encontremos".
Ou dos pastores: "Vamos... e vejamos".

Percebe a diferença? O jovem e rico príncipe queria o remédio. Os outros queriam o médico. O príncipe queria saber a resposta do teste. Os outros queriam o Mestre. Ele tinha pressa. Os outros tinham todo o tempo do mundo. Foi como se ele pedisse uma xícara de café na janela de um drive-thru. Mas eles queriam nada mais do que a refeição completa à mesa do banquete. Queriam mais do que a salvação. Queriam o Salvador. Queriam enxergar Jesus. Eram sérios e sinceros em sua busca.

Há uma tradução de Hebreus 11.6 que diz: "Qualquer um que queira ir a Deus deve crer que existe um Deus, e que Ele recompensará aqueles que *sinceramente* o procuram" (BV, itálico meu).

Uma outra traz: "Sem fé ninguém pode agradar a Deus porque quem vai a Deus precisa crer que ele existe e que recompensa os que o *procuram*" (BLH, itálico meu).

A versão Phillips diz: "Deus recompensa aqueles que o *buscam*" (itálico meu).

Gosto da tradução King James: "Ele é galardoador daqueles que diligentemente o buscam" (itálico meu).

Diligentemente — que palavra maravilhosa. Seja diligente em sua busca. Seja faminto em sua procura, implacável em sua peregrinação. Que este livro seja um entre as dezenas de livros que você certamente lerá a respeito de Jesus, e que esta hora seja apenas uma dentre as centenas de horas em que você o buscará. Dê um passo para fora das ambições frágeis de possuir e ter posições, e busque o seu Rei.

Não esteja satisfeito com anjos. Não se contente com as estrelas do céu. Busque-o como os pastores fizeram. Sinta um forte anseio por Ele, como fez Simeão. Adore-o como os homens sábios o fizeram. Faça como João e André: pergunte pelo endereço

Conclusão

dEle. Faça como Mateus: convide Jesus para que entre em sua casa. Imite Zaqueu: arrisque o que for necessário para enxergar Cristo.

Deus recompensa aqueles que o buscam. Não aqueles que buscam doutrina ou religião, ou sistemas, ou credos. Muitos se preparam para essas paixões menores, mas a recompensa vai para aqueles que se preparam para nada mais do que o próprio Jesus. E qual é a recompensa? O que esperam aqueles que buscam a Jesus? Nada menos do que o coração de Jesus. "Somos transformados de glória em glória na mesma imagem, como pelo Espírito do Senhor" (2 Co 3.18).

Você é capaz de imaginar um presente maior do que ser simplesmente como Jesus? Cristo não sentiu nenhuma culpa; Deus quer banir a sua. Jesus não teve nenhum mau hábito; Deus quer remover os seus. Jesus não tinha medo da morte; Deus quer que você também não tenha. Jesus demonstrava bondade para com os enfermos, misericórdia para com os rebeldes e coragem frente aos desafios. Deus quer que você tenha essas mesmas características.

Ele o ama como você é, mas se recusa a deixá-lo desse jeito. Ele quer que você seja simplesmente como Jesus.

NOTAS

CAPÍTULO 1:
UM CORAÇÃO COMO O DELE

1. Adaptado de Max Lucado, A Gentle Thunder *(Dallas: Word Publishing 1995), p. 46* — O Trovão Gentil *(CPAD, Rio de Janeiro, 1996).*
2. David Jeremiah fita de áudio: *The God of the Impossible*, TPR02.

CAPÍTULO 2:
AMANDO AS PESSOAS LIGADAS A VOCÊ

1. Max Lucado, Ph.D. em *Contorcionismo Etimológico,* Manual de Termos Médicos de Max *(Obra fictícia, Tex.: One Page Publishing, 1998), vol. 1, cap. 1, p. 1, sentença 1.*

CAPÍTULO 3:
O TOQUE DE DEUS

1. Não é o seu nome real.

CAPÍTULO 4:
OUVINDO A MÚSICA DE DEUS

1. Mt 11.15, 13.9, 13.43; Mc 4.9, 4.23, 8.18; Lc 8.8, 14.35; Ap 2.7, 2.11, 2.17, 2.29, 3.6, 3.13, 3.22, 13.9.
2. Mc 4.1-20.
3. Ap 2.7, 2.11, 2.17, 2.29, 3.6, 3.13, 3.22.

Capítulo 5:
Guiado por uma Mão Invisível

1. Irmãos Lawrence e Frank Laubach, Practicing His Presence *(Goleta, CA: Christian Books, 1973.)* Utilizado com a gentil permissão do Dr. Robert S. Laubach e Gene Edwards.
2. Ibid.
3. Ibid.
4. Ibid.
5. Conforme citado em Timothy Jones, *The Art of Prayer* (Nova Iorque: Ballantine Books, 1997), p. 133.
6. Ibid., p. 140.
7. Charles R. Swindoll, *The Finishing Touch* (Dallas: Word Publishing, 1994), p. 292.

Capítulo 6:
Um Rosto Transformado e um Par de Asas

1. Mt 7.7.
2. Horatio G. Spafford, "It Is Well with My Soul" ("Vai tudo bem com minha alma")

Capítulo 7:
Jogos de Golfe e Varas de Aipo

1. John Maxwell, *Developing the Leader Within You* (Nashville: Thomas Nelson, 1993), p. 29.

Capítulo 8:
Nada mais que a Verdade

1. James Hassett, "But That Would Be Wrong", Psychology Today, novembro de 1981, p. 34-41
2. Paul Lee Tan, *Encyclopedia of 7700 Illustrations* (Rockville, Md.: Assurance Publishers, 1979), p. 562, 563.

CAPÍTULO 10:

ENCONTRANDO OURO NO LIXO

1. Jim Morrison, "Slightly Rotted Gold", American Way Magazine, 1º de abril de 1992, p. 32-35.
2. William Barclay, *The Gospel of John*, vol. 2 (Philadelphia: The Westminster Press, 1975), p. 222.

CAPÍTULO 11:

QUANDO O CÉU SE ALEGRA

1. Sermão de Charles Spurgeon intitulado "The Sympathy of Two Worlds", citado em John MacArthur, The Glory of Heaven *(Wheaton, Il: Crossway Books, 1996), p. 246.*
2. Ibid., p. 118.
3. James Ryle, manuscrito não publicado. Utilizado com permissão.
4. C.S. Lewis, The Weight of Glory *(Nova Iorque: Macmillan, 1949), p. 14,15.*

Guia de Estudo

CAPÍTULO 1

UM CORAÇÃO COMO O DELE

Encontrando o coração de Jesus

1. O que mudaria em sua vida se Jesus realmente se tornasse você?

    A. Quem ficaria surpreso com o "novo você"? Por quê?

    B. Você teria "cercas para consertar"? Em caso afirmativo, a quem elas pertencem?

2. Já que Deus quer que você tenha um coração como o dEle ("E vos revistais do novo homem, que segundo Deus é criado em verdadeira justiça e santidade", Ef 4.24), faça uma verificação de si mesmo:

    A. Qual é a condição de seu coração hoje?

    B. O que aconteceria durante um "teste sob pressão" na vida espiritual? Será que os resultados seriam diferentes, dependendo do que estivesse acontecendo em sua vida dia após dia? Explique.

    C. Que atitudes específicas você deveria tomar para desenvolver um coração como o de Jesus?

3. Deus quer que você seja como Ele, mas Ele o ama assim como você é. Descreva o "você" que Deus ama.

   A. Quais são os seus dons, talentos, habilidades, preocupações, cuidados, subterfúgios, faltas, necessidades e desejos?

   B. Como cada uma dessas características seriam diferentes se tivesse "um coração como o dEle"? Que áreas em sua vida teriam que levar um "beliscão"?

4. Os pensamentos, ações e todo o ser de Jesus refletiam o relacionamento íntimo entre Ele e seu Pai. Como resultado, o coração dEle era supremamente espiritual.

   A. Descreva "um coração espiritual".

   B. Descreva as diferenças entre o seu coração e o coração de Cristo.

5. Como Max destacou, estamos "colados" ao poder de Deus, mas um número insuficiente de nós o utiliza em sua plenitude.

   A. Descreva o seu "uso do poder" em particular. Quanto da luz dEle você utiliza no trabalho? No lar? Em sua comunidade?

   B. O que você é capaz de aprender espelhando-se no coração de Jesus?

Sondando a mente de Jesus

1. Leia Filipenses 2.5-13.

   A. Devemos ter a mesma atitude de Cristo, pensar e agir como Ele. Quão difícil é isto para você? O que você acha difícil exatamente? Explique.

B. Quanto esforço está disposto a fazer para cumprir com a direção dada por essa passagem bíblica? Que tipo de esforço?

C. Qual é a parte de seu coração que requer maior atenção?

2. Efésios 4.20-32 trata de alguns pontos específicos para aqueles cristãos que querem viver como "filhos da luz".

A. Qual é a parte de seu "velho homem" que lhe traz mais problemas?

B. O que você pode determinar fazer hoje a respeito disso?

3. Jesus não tinha pecados — suas palavras e ações sempre foram puras. Leia 1 João 3.1-10.

A. Como se sente sabendo que possui um exemplo como esse? Isso lhe traz medo ou conforto? Explique.

B. Jesus já se deu a si mesmo, sem pecado, a você, e está aguardando para transformá-lo em alguém como Ele. Como você é capaz de usar esse pensamento para motivá-lo a tornar-se como Ele? Ele realmente o motiva? Explique.

Tornando-se as mãos de Jesus

1. Escreva o versículo que está em Colossenses 3.10 em um pedaço de papel ou cartão e coloque-o em um lugar onde possa vê-lo todos os dias. Memorize-o e agradeça a Deus por amá-lo tanto a ponto de transformá-lo em alguém como Ele!

2. Gaste alguns minutos imaginando-se lidando com uma situação espinhosa que você freqüentemente costuma enfrentar. Agora imagine como poderia lidar com essa situação tendo "um cora-

ção como o dEle". Então ore a Deus, pedindo que o capacite a enfrentar uma situação real assim como fez em sua imaginação. Na próxima vez em que ela ocorrer, escreva em um diário o que aconteceu, e veja como Deus responderá às suas honestas orações!

CAPÍTULO 2

AMANDO AS PESSOAS LIGADAS A VOCÊ

Um coração perdoador

Encontrando o coração de Jesus

1. Considere a "claustrofobia que vem com o compromisso".

    A. Você já teve claustrofobia devido a um compromisso?

    B. Em que área da vida costuma se deparar com essa situação — com seu cônjuge, filhos, empregados, ou qualquer outra pessoa? Explique.

    C. Já se sentiu com medo ou frustrado devido ao fato de estar permanentemente envolvido em um compromisso? Em caso afirmativo, descreva a sua reação.

    D. Caso se sinta ligado a alguém agora (no caso, tratando-se de uma forte ligação), sente-se mais fugindo, lutando ou perdoando? Explique.

    E. Como se sentiria se soubesse que a outra pessoa sentiu o mesmo em relação a você? Você acha que isso está acontecendo com alguém? Em caso afirmativo, explique.

2. Jesus foi capaz de amar pessoas difíceis de se gostar.

   A. Liste os nomes de algumas pessoas de quem você acha difícil gostar. Por que isso acontece?

   B. Liste os nomes de algumas pessoas que provavelmente tenham dificuldade de gostar de você. Por que isso acontece?

3. Jesus sabia que ninguém "esperava" que Ele fizesse o trabalho do mais simples servo quando lavou os pés dos discípulos conforme descrito em João 13. Lembre-se que Jesus sabia que eles o abandonariam na hora de sua maior necessidade — contudo, os serviu com um coração fervente de amor.

   A. Se lavar os pés ainda fosse um costume hoje, você estaria disposto a servir da mesma maneira a alguma das pessoas que listou no estudo das questões 1 ou 2? Explique.

   B. Pense em alguém que "lavou os seus pés" quando você não merecia tal coisa. Quais eram as circunstâncias?

4. Quando você tirar o seu olhar de sua própria "pessoa problemática" e olhar atentamente para Jesus, o que acontecerá à sua capacidade de perdoar a si mesmo?

   A. Nomeie os pecados pelos quais Cristo teve que perdoá-lo apenas no dia de hoje. Alguns deles são "repetições"? Explique.

   B. Tendo consciência de todo o trabalho de limpeza que Jesus precisou fazer na sua vida, quão disposto você está para fazer o mesmo por outras pessoas? Como você reage àqueles que contínua e repetidamente causam a você os mesmos problemas?

5. Max relembra-nos que havia apenas um homem, na sala onde celebravam a ceia pascal, digno de ter os seus pés lavados por alguém, e foi Ele quem lavou os pés dos outros. AquEle que deveria ter sido servido escolheu tornar-se o servo.

   A. Nomeie vários relacionamentos que você seria capaz de melhorar se lavasse os pés de alguém de forma inesperada.

   B. Como você poderia "lavar os pés" de alguém? Como você imagina que essa atitude seria recebida? Explique.

   C. Algumas das pessoas envolvidas sentam-se à sua mesa de jantar? Em caso afirmativo, esse ato de lavar os pés é mais fácil ou difícil? Por quê?

Sondando a mente de Jesus

1. Medite no texto que se encontra em Colossenses 3.12-17.

   A. Inclua nomes de pessoas, no local apropriado, dentro desta passagem:

   "Suportando _____ e perdoando... se [eu] tiver queixa contra _____".

   B. Agora repita este exercício, pedindo a Deus que ajude alguém a suportar você.

2. Coloque-se na cena descrita em João 13.1-17.

   A. Você está sentado ali, esperando. E esperando. Onde está aquele miserável servo? Então o seu Mestre, no meio de todas as pessoas, levanta-se e começa a trabalhar. Como você se sentiria, observando enquanto Ele trabalha? O que você estaria pensando?

B. Se você estivesse participando da cena e soubesse o que Judas estava prestes a fazer, teria lavado os pés dele assim como Jesus fez? Explique.

3. Efésios 4.32 diz: "Antes, sede uns para com os outros benignos, misericordiosos, perdoando-vos uns aos outros, como também Deus vos perdoou em Cristo". Agora leia o próximo versículo (Ef 5.1).

   A. Quão sujo Deus ficou quando se inclinou para limpar você? Quão sujo você está disposto a ficar a fim de ser um "imitador de Deus"?

   B. Efésios 5.2 continua: "E andai em amor, como também Cristo vos amou e se entregou a si mesmo por nós, em oferta e sacrifício a Deus, em cheiro suave". Com a ajuda de Deus, que tipo de mudanças você precisa fazer para tornar sua vida um sacrifício em cheiro suave? Explique.

   C. Existe um Judas em sua vida? Você é capaz de fazer por ele o que Jesus fez pelo Judas da época?

Tornando-se as mãos de Jesus

1. Agradeça a Deus por sua misericórdia e perdão diários. Expresse a sua gratidão pela graça ilimitada que recebe dEle. Medite na verdade bíblica que diz que Ele nunca mais se lembra de nossos pecados, e que eles se encontram tão distantes de nós quanto "o Ocidente está distante do Oriente"!

2. A esposa contra quem o marido errou, de acordo com a história relatada ao final deste capítulo, foi misericordiosa para com ele.

Ela o perdoou e estava disposta a esquecer a sua ferida. Ela disse: "Vamos em frente." Pense em alguém que feriu você. Determine hoje que dará início ao mesmo processo. Peça a Deus que o ajude a banhar os pés dele ou dela no seu amor, e deliberadamente esqueça a ferida. Gaste tempo em oração a respeito dessa pessoa e da situação. Peça a Deus que o ajude a saber como perdoar a mágoa e amar a pessoa da mesma maneira que Jesus o faz.

CAPÍTULO 3

O Toque de Deus

Um coração compassivo

Encontrando o coração de Jesus

1. Lembre-se de algumas ocasiões em que "as próprias mãos de Deus" serviram você. Como você se sentiu?

2. Você acha que tem "mãos celestiais"? Explique. Você costuma buscar oportunidades para cuidar de outras pessoas com essas mãos?

3. Alguma vez em sua vida você já colocou alguém em "quarentena", afastando-se dessa pessoa?

    A. Em caso afirmativo, qual foi / qual é a situação? Por que fez essa exclusão?

    B. O que poderia fazer com que você o (a) incluísse uma vez mais?

4. Embora as palavras de Jesus tenham curado a doença do leproso, Max ressalta que somente o toque de amor de Cristo foi capaz de banir a solidão daquele homem.

   A. Descreva alguns períodos em sua vida quando nenhuma palavra veio, mas um toque disse tudo.

   B. Falar sobre "o toque divino" é mais fácil do que realmente praticá-lo? Explique.

   C. Você acha fácil ou difícil receber esse toque? Por quê?

5. Faça uma lista das maneiras de "tocar" alguém emocionalmente sem tocar a pessoa fisicamente. (Aqui está um começo: cartões, visitas etc.)

Sondando a mente de Jesus

1. Leia novamente a história do leproso que foi limpo em Mateus 8.1-4. Leia também Marcos 1.40-45 e Lucas 5.12-16. Todos os três escritores mencionam o toque de Jesus, bem como as suas palavras sanadoras.

   A. Por que você acha que Jesus pensou ser importante tocar aquele homem fisicamente?

   B. A história teria ficado mais fraca caso não houvesse aquele toque? Explique.

2. O registro de Marcos afirma que o leproso que foi purificado, embora tivesse sido prevenido para que não contasse a história a ninguém, ao contrário, saiu divulgando o fato livremente.

   A. Por que Jesus mandou que o homem se mantivesse em silêncio?

B. O que aconteceu quando o homem divulgou o ocorrido?

C. Você teria sido capaz de manter-se calado se algo tão maravilhoso tivesse acontecido em sua vida? Explique.

3. Colossenses 3.12 declara: "Revesti-vos... de entranhas de misericórdia, de benignidade, humildade, mansidão, longanimidade". Vestir-se é um ato deliberado; intencionalmente o fazemos, e é algo que nunca "simplesmente acontece". Mas como o fazemos todos os dias, torna-se uma atitude natural.

A. Lembra-se de alguém que tem um espírito compassivo? Como esse espírito é expresso através das ações, da fala ou do comportamento dele ou dela?

B. Com a ajuda do Senhor, como você pode ser capaz de trabalhar para melhor mostrar compaixão?

Tornando-se as mãos de Jesus

1. Gaste alguns minutos agradecendo ao Senhor por aquelas pessoas que dedicaram tempo em mostrar a você compaixão e bondade, quando mais precisou disso. Mencione o nome dessas pessoas diante do Senhor. Então diga a elas pessoalmente, ou através de um recado, ou de um telefonema, o que significou a ministração delas para a sua vida.

2. Peça a Deus que lhe mostre alguém que precisa daquele "toque divino" especial. Provavelmente você já sabe de alguém. Se sentir alguma resistência de sua parte, peça ao Senhor que coloque as suas mãos nas mãos dEle e entregue-as completamente. Então prossiga conforme Ele o conduzir.

CAPÍTULO 4

OUVINDO A MÚSICA DE DEUS

Um coração pronto a ouvir

Encontrando o coração de Jesus

1. As Escrituras sempre nos lembram que ter ouvidos não é o suficiente — devemos utilizá-los. O problema é que, freqüentemente, não o fazemos.

   A. Devemos "ouvir como ovelhas" que seguem a bem conhecida voz de seu mestre. Como é que você procura ouvir a voz de Deus regularmente?

   B. Como ser capaz de tornar-se tão familiarizado com o Mestre a ponto de reconhecer "a voz de um estranho" imediatamente? Como pode reconhecer um ensino falso assim que o ouvir?

2. Jesus fez da oração um hábito. Max diz que Cristo "abriu espaço em sua agenda" para falar com o seu Pai.

   A. Descreva a sua própria vida de oração. Acontece de os dias se passarem e você se dar conta de que negligenciou totalmente o privilégio da oração? Como é que foram esses dias em sua vida?

   B. O que aconteceria em seu casamento / família / amizades / relacionamentos / trabalho, se a sua comunicação com essas pessoas fosse a mesma que existe entre você e o seu Salvador?

3. Jesus era profundamente conhecedor das Escrituras.

   A. Cristo conhecia a Bíblia e sabia como utilizá-la. Como está sua memória com relação às Escrituras?

   B. Quão fácil é para você localizar um versículo específico?

   C. Você compreende suficientemente bem a maior parte das Escrituras de modo que possa aplicá-la com eficácia? Explique.

   D. Como você está em relação a explicar as Escrituras para outras pessoas, especialmente aquelas que ainda não conhecem a Cristo?

4. Se queremos ser simplesmente como Jesus, devemos deixar que Deus nos tenha junto dEle.

   A . Você realmente deseja ser dEle? Explique.

   B . Como seria capaz de entregar completamente a sua vida, todo o seu ser a Ele? Seja específico.

   C . Qual é o melhor horário para você gastar tempo suficiente ouvindo a Deus através do estudo da Bíblia e da oração, até que tenha recebido a sua lição para cada dia? Você aproveita bem esse tempo?

5. A Bíblia diz que nos tornamos dignos através daquilo que Cristo fez por nós; não fizemos nada para merecer uma posição tão sublime. Por causa disso, Ele deseja que abramos totalmente os nossos corações para Ele.

   A. Como você reage a tamanha afeição não merecida? Por quê?

B. O que acontece entre você e Deus quando abre o seu coração a Ele?

Sondando a mente de Jesus

1. Leia a parábola do semeador em Marcos 4.1-20.

    A. Faça uma análise de si mesmo: qual é a situação da semeadura que descreve melhor a sua vida? Por quê?

    B. Que tipo de mudanças seriam necessárias para que, em sua vida, uma semente plantada em bom solo produzisse à razão de cem para um?

2. Em João 10.1-18 está descrito o relacionamento entre o pastor e a sua ovelha, bem como entre o Senhor e o seu povo. Essa passagem diz que as ovelhas "fugirão" dos estranhos, porque não os reconhecem. Elas estão de tal modo afinadas com o seu mestre, que não querem nenhum outro, e o mestre está tão apaixonado por suas ovelhas que está disposto a morrer por elas.

    A. Que benefícios as ovelhas recebem por estarem tão unidas a seu mestre?

    B. Que perigos estariam ocultos em emboscadas se elas escolhessem desviar-se dele?

    C. Você acha que as ovelhas se preocupam com seus próprios "méritos"? Explique.

    D. Que paralelos podem ser traçados entre ovelhas e pessoas?

3. Se quisermos ser simplesmente como Jesus, devemos, queiramos

ou não, separar um tempo regular para falar com Deus e ouvir a sua Palavra.

A. Romanos 12 contém uma lista de "ações" para aqueles que desejam viver em harmonia com o Senhor e com as outras pessoas. Por que devemos fazer essas coisas? Como devemos fazê-las?

B. Como é que você pode multiplicar a sua adoração quando ora?

C. Defina "Perseverai na oração".

D. É possível ser fiel em oração sem gastar tempo na Palavra? Explique.

Tornando-se as mãos de Jesus

1. Como vivemos na era das comunicações, somos inundados com tantas informações que podemos ficar sobrecarregados. Os jornais, as revistas, a televisão e a Internet clamam por nossa atenção. Desafie a si mesmo esta semana, lendo a Bíblia, a gastar tanto tempo — ou ainda mais — quanto o tempo que gasta com o seu jornal ou TV. Depois registre a diferença que isso fará em sua vida.

2. Se você ainda não faz isso, mantenha um diário de sua caminhada com o Senhor. Para determinado mês, registre as passagens que estudar e quanto tempo passou com Ele em oração, como resultado. Rastreie as mudanças positivas que encontrar em seu relacionamento com o Senhor, bem como com as outras pessoas.

CAPÍTULO 5

GUIADO POR UMA MÃO INVISÍVEL
Um Coração Inebriado da Presença de Deus

Encontrando o coração de Jesus

1. Estamos sempre na presença de Deus.

    A. A afirmação acima conforta ou enfada você? Por quê?

    B. O que significa a realidade da contínua presença de Deus nas atividades de seu dia-a-dia?

2. Deus quer que desfrutemos a mesma intimidade que o seu Filho tem com Ele.

    A. Você gosta de intimidade ou prefere ficar um pouco mais distante, mantendo o seu "espaço"? Explique.

    B. Como você procura manter partes de si mesmo escondidas de outras pessoas? O que gostaria de manter oculto de Deus?

3. Deus nunca está longe de nós.

    A. Você alguma vez já se sentiu especialmente perto de Deus em um domingo, pela manhã, mas muitos quilômetros distante na terça-feira à tarde? Em caso afirmativo, descreva essa experiência. Por que acha que isso acontece?

B. Deus é absolutamente comprometido conosco e provê um modelo para nós. Qual é o seu nível de comprometimento — para com seu cônjuge, seus filhos, sua igreja etc.? Será que se sentem seguros sabendo que você nunca os deixará e que sempre será um apoio para eles? Como expressou para eles o seu compromisso?

4. No "casamento de Jesus" com cada cristão, a comunicação nunca é interrompida.

A. Quando você fala com Deus, o que menciona primeiramente? O oferecimento de louvor e honra vêm regularmente antes da ladainha de pedidos? Se não, por que isso ocorre?

B. Quanto tempo duraria uma amizade se a única comunicação entre as duas pessoas fosse pedidos de favores? Você teria anseio por algo mais, por algo mais profundo? Explique.

C. Deus é a primeira pessoa com quem você fala quando algo muito bom acontece em sua vida? É Ele o último quando há um problema? Explique.

5. Considere cada momento de sua vida como um momento potencial de comunicação com Deus.

A. Conhece alguém além de Deus que realmente estaria disposto a ouvi-lo o tempo todo?

B. Como o seu senso de valor é afetado pelo conhecimento de que Deus nunca lhe deixará? Isso muda a sua adoração para com Ele?

Sondando a mente de Jesus

1. A segunda Carta aos Coríntios 6.1 nomeia os que crêem em Deus como companheiros de trabalho ou, mais comumente, cooperadores de Deus.

    A. O que aconteceria a seu trabalho secular diário se você realmente acreditasse que está trabalhando lado a lado com o único Deus verdadeiro? Trabalharia mais intensamente? Daria o melhor de si em todas as coisas, sabendo que Deus estaria presente na etapa seguinte? Explique.

    B. Será que a vida em si seria mais fácil de se conduzir sabendo que o Todo-Poderoso segue lado a lado com você? Em caso afirmativo, como?

2. Leia João 5.16-30

    A. Jesus disse que o Filho não fazia coisa alguma "por si mesmo"; o que o Pai fazia, o Filho fazia. O mesmo pode ser dito a seu respeito? Por quê? O que faz com que você corra adiante de Deus? Quais são as áreas de sua vida com as quais procura lidar sem a ajuda de Deus?

    B. Jesus também não procurou agradar a si mesmo, mas a seu Pai (v. 30). A quem você mais procura agradar? Seu cônjuge, seus pais, aos vizinhos?

3. A Palavra de Deus mostra uma vinha e seus ramos em João 15.1-8, descrevendo o relacionamento que Ele deseja ter com o seu povo. Ele quer estar completamente ligado a nós.

A. Como é que o seu desejo de intimidade com Deus compara-se ao de Frank Laubach, que se sentia perdido apenas após meia hora sem pensar nEle?

B. Liste alguns pontos que, na prática, mudariam, se a sua vida estivesse conectada assim a Ele.

C. Jesus fala de podar as varas que dão fruto para que estas se tornem ainda mais frutíferas. Descreva uma ocasião em que sentiu os efeitos da podadeira do Senhor em sua vida. Que tipo de fruto nasceu a seguir? Você deseja frutos ainda maiores e melhores, mesmo que para isso sejam necessárias outras podas sucessivas? Explique.

Tornando-se as mãos de Jesus

1. Peça ao Senhor dois versículos especiais: um para meditar quando acordar, e o outro para quando for dormir. Faça isso fielmente durante pelo menos uma semana. Use essas porções da Palavra com o fim de orientar todo o seu dia em direção a uma vida centrada totalmente em Deus.

2. Deus já conhece o que você está pensando, esperando e fazendo. Compreenda que Ele deseja ouvi-lo, e então comece a conversar com Ele como se estivesse sentado dentro do carro a seu lado pela manhã, junto com você na fila do banco ou sentado na carteira ao lado. Ele não está interessado em frases floreadas ou no som de palavras piedosas — Ele simplesmente quer você.

CAPÍTULO 6

UM ROSTO TRANSFORMADO E UM PAR DE ASAS

Um coração faminto por adorar

Encontrando o coração de Jesus

1. Descreva uma ocasião em que tenha se encontrado com uma pessoa famosa ou participado de um evento muito importante. Você comprou um novo vestido ou terno? Ficou pensando nisso dias antes de acontecer? Quão importante era a pessoa famosa ou o evento, comparado a um encontro com Jesus?

2. Como você define adoração? O que está envolvido?

   A. Por que você adora?

   B. A adoração é hoje para você mais ou menos importante do que era logo que você conheceu ao Senhor?

3. Jesus preparou-se para adorar, enquanto nós costumamos ser descuidados quando se trata de nos encontrarmos com Deus.

   A. Pense a respeito de um típico domingo de manhã, antes de sair para ir à igreja. Seja honesto com você mesmo. Os temperamentos se inflamam? Fica andando de um lado para o outro? Descreva o seu dia.

B. O que poderia fazer para melhorar a situação, ainda que tivesse que começar na noite anterior? O que o impede de implementar essas mudanças?

4. Deus transforma os nossos rostos através da adoração.

A. Como seria possível dar maior peso de consciência às palavras que você estiver cantando, orando ou ouvindo?

B. O que acontece com seu semblante quando termina o culto e você se encaminha para a sua semana de trabalho?

C. Alguém olhando para você na terça-feira saberia que esteve com o Mestre no domingo? Como?

5. Deus transforma aqueles que nos vêem adorar.

A. Que aspectos de sua adoração são designados a atrair pessoas que não conhecem a Cristo?

B. Com que freqüência durante o culto você ora por alguma pessoa não salva que esteja sentada próxima a você?

Sondando a mente de Jesus

1. Leia Mateus 17.1-9

A. Você acha que os discípulos compreenderam o propósito de sua caminhada até o monte para adorar?

B. De que modo pensa terem sido afetados pela experiência? (Leia 1 Pedro 1.16-18.)

C. Por que Cristo disse que não contassem a ninguém sobre aquela experiência?

GUIA DE ESTUDO

2. A segunda Carta aos Coríntios 3.12-18 estabelece um contraste entre Moisés, que usou um véu para cobrir a glória de Deus, e o privilégio dos crentes de terem uma face sem véu.

   A. De que maneira apresentamos, algumas vezes, "faces ou corações cobertos com véu" quando adoramos? Por que fazemos isso?

   B. Como você seria capaz de melhor "refletir a glória de Deus" durante esta semana? No lar, no trabalho e com os amigos?

3. Leia o Salmo 34 silenciosamente, e depois leia em voz alta.

   A. Quão "grande" Deus lhe parece nessa passagem? Que palavras usaria para descrever Deus e a sua glória?

   B. Leia a passagem novamente e conte o número de razões ali listadas para louvar a Deus.

   C. Agora olhe para o seu rosto em um espelho. Você vê a imagem de Deus refletida em seu rosto? Explique.

Tornando-se as mãos de Jesus

1. Se os domingos pela manhã, antes de ir à igreja, são um problema em sua casa, sente-se com sua família e converse sobre isso. Veja se alguém mais está preocupado. Determinem fazer preparativos práticos na noite anterior (encontrar os sapatos perdidos, decidir que roupas serão usadas etc.). Reserve tempo para um encontro com o Senhor em seu lar antes de encontrar-se com Ele na igreja. E lembre-se: é possível encontrá-lo também dentro do carro, a caminho!

2. Seja ou não você o "recepcionista oficial" de sua igreja, considere fazer disso a sua oportunidade missionária no próximo domingo. Ao invés de esperar que os visitantes se apresentem, coloque o sorriso de Deus em sua face e, propositalmente, os procure.

CAPÍTULO 7

Jogos de Golfe e Varas de Aipo

Um coração focalizado

Encontrando o coração de Jesus

1. Um dos incríveis traços de Jesus era a sua habilidade de permanecer no alvo.

    A. O quanto sua vida está dentro da rota? Explique.

    B. Onde quer chegar? Nomeie algumas de suas metas específicas.

2. Nossas vidas tendem a se dispersar.

    A. De que maneira(s) essa afirmação reflete a sua vida?

    B. Quais são as suas prioridades?

    C. Você se distrai facilmente com as pequenas coisas, esquecendo-se das maiores? Explique.

3. Deus quer que tenhamos corações focados para que permaneçamos na rota certa, para que nos enquadremos no seu plano.

   A. Qual é o plano de Deus em relação a você?

   B. Como é que os seus planos se comparam aos de Deus? Explique.

4. Quando nos submetemos aos planos de Deus, podemos confiar em nossas aspirações.

   A. Se aquilo que você deseja, seja o que for, acontecer, acha que será bom para a sua vida? Explique.

   B. De que modo será capaz de se comprometer com o que Deus quer para você, mesmo que isso seja diferente de seus próprios desejos?

5. Em Romanos 12.3 (BV), Paulo aconselha: "Sejam honestos na avaliação de si mesmos, medindo seu próprio valor pela quantidade de fé que Deus lhes deu".

   A. Provavelmente você esteja consciente de suas fraquezas, mas quais são seus pontos fortes?

   B. Como está utilizando esses pontos fortes para servir e honrar a Deus? Já agradeceu a Deus por eles?

Sondando a mente de Jesus

1. Leia Marcos 10.42-45.

A. Que tipo de "príncipes da gentes" Jesus estava descrevendo no versículo 42?

B. Como deveria diferir o comportamento daquele que "quiser ser grande" das atitudes dos outros?

C. De que maneira você acha que as coisas teriam mudado se Jesus tivesse escolhido "ser servido" ao invés de servir?

2. Compare Marcos 10.45 com Lucas 19.10.

    A. Esses dois versículos dizem a mesma coisa? Por que sim ou por que não?

    B. Você consideraria um deles ou ambos a "declaração missionária" de Cristo? Explique.

3. Romanos 8.28 tem sido freqüentemente citado de maneira errada.

    A. Como funciona esse versículo quando as chamadas "coisas ruins" nos acontecem?

    B. Você pensa que Deus "planeja" as "coisas ruins", ou que Ele apenas as permite? Seriam o mesmo?

    C. Continue lendo do versículo 28 até o final do capítulo. Descreva como esses versículos estão relacionados às "coisas ruins" em sua vida.

4. Deus deseja usar-nos para realizar o seu plano. (Leia 2 Co 5.17-21.)

    A. O que você está fazendo para servir como representante ou embaixador de Cristo?

B. Quais são as ferramentas à sua disposição que o preparam para essa tarefa? Como as está utilizando?

5. Dedique algum tempo ao Salmo 37.

   A. Quanto tempo você gasta indignando-se por causa dos "malfeitores"? Você se preocupa se eles receberão ou não a devida recompensa?

   B. O que é que Deus diz que acontecerá a eles?

   C. O que você deveria estar fazendo, ao invés de se preocupar com a retribuição?

   D. Quando o seu coração se une ao coração de Deus, o que acontece com os seus desejos?

Tornando-se as mãos de Jesus

1. Tanto o Salmo 139.14 como Efésios 2.10 declaram a maravilhosa obra de criação de Deus em sua vida. Você crê nela? Dedique alguns momentos para escrever coisas específicas sobre você mesmo que ilustrem essa afirmação. Dedique as suas qualidades ao Senhor e determine que vai começar a usá-las para Ele hoje.

2. Quando você era pequeno, alguém lhe perguntou: "O que quer ser quando crescer"? Como respondeu na ocasião? Compare com os dias de hoje. À medida que você tem crescido no Senhor, o que deseja ser e fazer para Ele? Gaste tempo em oração e depois componha uma declaração pessoal de vida missionária, com a qual será capaz de servir e honrar a Deus.

CAPÍTULO 8

NADA MAIS QUE A VERDADE

Um coração honesto

Encontrando o coração de Jesus

1. O cristão é uma testemunha.

    A. Qual é a diferença entre uma testemunha de tribunal e uma testemunha de Cristo?

    B. Sabemos que existe uma pena para perjúrio em corte. Existe alguma pena semelhante para o cristão? Explique.

2. Jesus não mentiu, não enganou nem aumentou a verdade.

    A. Em que nível você se encontra em relação ao padrão de Deus nessa área?

    B. Você acredita que exista uma diferença entre mentiras "habituais" e mentiras "brancas"? Explique.

    C. Se você concluísse que tem sido desonesto, o que faria a respeito? Ia depender do tamanho da mentira? Explique.

3. Deus se irrita com a mentira da mesma forma que com pecados como adultério e agressões graves.

    A. Você concorda com esse ponto de vista? Explique.

    B. Como você poderia lutar para viver dentro do código de honra de Deus? O que faz quando se encontra em falta?

4. Deus sempre fala a verdade. A Bíblia diz que Ele "não é capaz de mentir".

   A. Em quais circunstâncias você se sente mais tentado a mentir?

   B. As outras pessoas o consideram uma pessoa honesta? O seu conceito seria diferente do delas?

   C. Como se sente sobre mentir ou omitir a verdade, somente um pouco, com o objetivo de poupar os sentimentos de outras pessoas?

5. Existem ocasiões em que dizer a verdade é difícil.

   A. Cite algumas situações nas quais nos sentimos mais confortáveis com a mentira do que com a verdade.

   B. Como é possível mentir sem usar palavras?

   C. Sabemos que existem conseqüências para o ato de mentir. Você já foi surpreendido em alguma mentira? O que aconteceu? Como se sentiu? O que aprendeu a partir dessas conseqüências?

Sondando a mente de Jesus

1. Leia Efésios 4.17-32. Paulo admoesta seus leitores a livrarem-se de suas antigas maneiras de viver e mostrar "uma nova disposição mental".

   A. Uma vez que os cristãos são membros de um único corpo, é pior ser desonesto com uma outra pessoa também crente do que com uma que não é? Explique.

   B. Como é possível que seja desonesto consigo mesmo?

C. Você concorda que a mentira deveria ser classificada na mesma categoria da ira, do roubo, do linguajar tolo etc.? Você "classifica" pecados, atribuindo-lhes primeira colocação, segunda etc., e considera uns piores do que outros? Explique.

2. Gaste algum tempo no Salmo 101.

A. O que você faz enquanto outras pessoas estão "difamando o seu próximo às escondidas"?

B. Que tipo de companhias você mantém? Tolera mentirosos?

3. Tito 1.2 e 2 Timóteo 2.13 nos lembram que podemos sempre crer em Deus.

A. Como essa verdade deveria afetar a nossa vida cotidiana? Ela a afeta? Explique.

B. Quais das promessas de Deus são mais preciosas para você? Por quê?

C. Quando você promete algo, pode-se confiar em você? Explique.

4. Pense a respeito da história de Ananias e Safira escrita em Atos 5.

A. Por que você pensa que esse casal mentiu sobre o preço da propriedade?

Por que não disseram a Pedro que estavam dando apenas uma parte daquilo que receberam?

B. Você acha que Ananias e Safira jamais pensaram que seriam descobertos? Por que sim ou por que não?

C. O que, nessa mentira, despertou a ira de Pedro?

D. Como você se sente sobre a severa punição que Deus lhes deu? Como o testemunho deles a favor de Cristo, na comunidade, teria sido afetado se não fossem julgados dessa maneira? O que aconteceu com o testemunho da igreja depois da morte deles?

Tornando-se as mãos de Jesus

1. Em uma concordância bíblica, procure as palavras *mentir, mentira* e *mentindo*. Então procure palavras como *verdade, honesto* ou *honestidade*. Você pode imaginar que o número de referências a essas palavras corresponde à preocupação de Deus com esses assuntos?

2. Eleja um dos versículos que encontrar na lista acima como sendo seu. Escreva-o na folha em branco próxima à capa de sua Bíblia. Repita-o diariamente. Peça a Deus que o ajude a ser mais como Ele no aspecto da honestidade.

CAPÍTULO 9

A ESTUFA DA MENTE

Um coração puro

Encontrando o coração de Jesus

1. De que modo você seria capaz de controlar o seu coração como se fosse uma "estufa"? Como poderia fazer com que a analogia se tornasse pessoal?

A. Que tipo de "sementes" está permitindo que cresçam?

B. Que ervas daninhas você vê? Como seria capaz de evitar que florescessem? Como é que elas às vezes sufocam as flores?

C. Você se classificaria, em geral, como otimista ou pessimista? Explique. Como é que o seu otimismo ou pessimismo afeta as pessoas que estão à sua volta?

2. Deveria haver uma sentinela à porta de nossos corações.

A. Onde vão geralmente os seus pensamentos quando permite que vagueiem?

B. Como você pode imediatamente reconhecer "pensamentos errados"? Como poderia fazê-lo mais facilmente?

3. Precisamos submeter nossos pensamentos à autoridade de Jesus.

A. Se seus pensamentos fossem escritos em papel e submetidos a Cristo antes que os pensasse, quantos deles seriam por Ele "reprovados"? Você seria surpreendido ou conheceria os resultados de antemão?

B. Se seus pensamentos fossem divulgados para as pessoas que estão à sua volta, você se sentiria embaraçado? As pessoas ficariam desapontadas? Ficariam tristes? Feridas? Surpresas?

4. A Bíblia é o "ponto de checagem" de nossos pensamentos questionáveis.

A. Em seu estudo das Escrituras, que legitimidade você é capaz de encontrar para um complexo de inferioridade? Para um espírito orgulhoso? Para a presunção? Para desejos sexuais impuros?

B. Algumas pessoas pensam que a Bíblia é apenas um livro de "nãos", que visa esmagar sob os pés a liberdade de espírito. O que nos acontece quando seguimos nossa "liberdade de espírito", ao invés de a Palavra de Deus?

Sondando a mente de Jesus

1. Em 1 Pedro 5.8,9 o diabo é comparado a um leão bramador.

   A. Em quais circunstâncias você sente com mais freqüência que será "devorado" em seus pensamentos?

   B. Como é que você pode oferecer uma boa resistência ao diabo? Como é capaz de aumentar seu nível de autocontrole e vigilância?

2. Leia Gálatas 6.7-10.

   A. Deus reconhece que nos fatigamos em nossas lutas contra o pecado (v. 9). Uma vez que você entenda a necessidade de manter os seus pensamentos sob controle (plantar as sementes certas), o que fará caso se sinta tentado a entregar-se à fatiga espiritual?

   B. Que benefícios podem ser colhidos de uma vida cujos pensamentos são centrados em Deus?

3. Provérbios 4.20-23 nos admoesta a prestar bastante atenção ao que Deus diz.

   A. Devemos guardar suas palavras não apenas como um ponto de vista, mas também em nossos corações. Qual é a diferença entre esses dois?

B. O coração é comparado a uma fonte de vida. Procure a palavra "fonte" em um dicionário. Por que você acha que essa palavra foi usada no versículo 23?

C. Você já deve ter ouvido a expressão "Você é aquilo que come". Acredita que seja também aquilo que pensa? Dê alguns exemplos.

4. Em 2 Coríntios 10.3-5 Paulo lembra-nos que embora vivamos no mundo, não devemos agir como se fôssemos parte do mundo (v. 3). Ele reconhece que a vida é uma luta, e lembra-nos que nos foi dado poder divino (v. 4) para nos ajudar a vencer a batalha.

A. O versículo 5 diz que devemos levar cativos os nossos pensamentos, fazendo-os obedientes a Cristo. Como podemos fazer isso? O que devemos fazer com tais pensamentos, uma vez que os capturamos?

B. Como você pode dizer não a seus pensamentos errados, impuros e contrários a Deus, e recusar o retorno deles? Em que sentido essa situação pode ser semelhante a uma batalha?

Tornando-se as mãos de Jesus

1. Pense por um momento em um campo de terra fértil. Há mais trabalho envolvido no estágio da plantação ou no estágio em que se arrancam as ervas daninhas? O que acontece com a safra se o estágio em que se arrancam as ervas daninhas for negligenciado? Que mercado trabalha com a venda de ervas daninhas? Alguém jamais plantaria sementes de ervas daninhas de propósito? Aplique essas questões numa avaliação de seus próprios pensamen-

tos. Decida hoje plantar rosas e, com a ajuda de Deus, mantenha os cardos fora.

2. Plante uma semente, literalmente. Utilize o solo correto. Regue-a. Assegure-se de que ela receba a correta quantidade de água e luz solar. Coloque-a onde possa vê-la. Cuide dela. Observe o seu crescimento. Considere-a uma expressão exterior daquilo que está fazendo interiormente com o jardim do seu coração.

CAPÍTULO 10

Encontrando Ouro no Lixo

Um coração cheio de esperança

Encontrando o coração de Jesus

1. Como você vê o "lixo" que aparece em seu caminho?

    A. Você acha que já teve mais ou menos problemas e tristezas do que a média das pessoas? Explique.

    B. Qual é a próxima "coisa má" com que está se preocupando e que pode surgir como uma emboscada na esquina?

    C. Por que você acha que ao invés de buscar o bem em meio aos nossos problemas, ficamos considerando a dor e os ferimentos?

2. A maneira pela qual olhamos a vida determina a nossa maneira de viver.

A. O dito popular recomenda: "Quando a vida lhe oferece limões, faça limonada". Você já teve que fazer limonada a partir de alguma circunstância de sua vida?

B. Descreva alguém que conheça e que seja hábil nisso. Como se sente quando está próximo a essa pessoa? O que se pode aprender com ele ou ela?

3. Precisamos enxergar os nossos problemas da mesma maneira que Jesus os enxerga.

A. Analise seus sentimentos a respeito de quaisquer orações não respondidas, sonhos infrutíferos ou deslealdades inacreditáveis. São recentes ou você tem carregado as feridas resultantes por muito tempo? Explique.

B. Como é que você seria capaz de enxergar essas coisas do modo como Jesus enxerga?

4. Jesus encontrou o bem em meio ao mal, e propósitos em meio às dores.

A. Você acha que isso é realisticamente possível em cada situação? Explique. O que diria a alguém que pensasse que isso é uma visão não realista da vida?

B. Descreva uma ocasião em que encontrou coisas boas em meio às más, propósitos em meio a dores. Você teve essa atitude enquanto atravessava dificuldades ou essas inspirações vieram mais tarde? Explique.

5. Jesus é capaz de transformar a maneira como você encara a vida.

A. Como freqüentemente subestimamos o poder de Deus?

B. Como a sua vida seria transformada se você cresse, de maneira substancial, que o poder de Deus é o mesmo hoje, assim como era nos dias de Eliseu?

Sondando a mente de Jesus

1. Romanos 12.9-16 conta-nos que os problemas fazem parte da vida de qualquer pessoa; ninguém está isento.

    A. Como deveríamos responder ao maligno? Como devemos nos comportar quando somos afligidos? Como isso é possível?

    B. Por que Deus nos permite passar por tais problemas? O que você acha que pode ser ganho através deles?

    C. Você algum dia espera descobrir o propósito de Deus em seu sofrimento? E se nunca vier a descobri-lo?

2. Compare sua visão espiritual com aquela descrita em Mateus 6.22,23.

    A. Descreva algum conhecido seu que prefira viver em trevas do que na luz. Você tem prazer em estar próximo a essa pessoa? Explique.

    B. Qual é a opinião de Deus a esse respeito?

3. Leia em Mateus 26.46-52 a respeito da deslealdade sofrida por Jesus.

    A. Mesmo após Judas tê-lo traído, Jesus chamou-o de "amigo". Você já se sentiu traído por um "amigo"? Em caso afirmativo, essa pessoa ainda é sua amiga? Explique.

B. A chamada "indignação justa" levou um dos companheiros de Jesus a cortar a orelha do servo do sumo sacerdote. Lucas registra que Jesus respondeu com um toque sanador. Como poderemos reagir em tal situação quando formos feridos? O que nos guarda de reagir dessa maneira?

4. Em Mateus 23.53, Jesus lembrou à multidão que o cercava que Ele poderia ser imediatamente resgatado das garras de seus opositores, se assim o desejasse.

A. De que maneira as suas próprias situações difíceis poderão se tornar mais fáceis de se lidar, sabendo que Deus é poderoso para tirá-lo delas se escolhesse fazê-lo? Elas poderiam se tornar mais difíceis em função disso? Explique.

B. Como você reage quando Deus opta por não mudar as suas circunstâncias? Ainda crê que Deus está presente em meio ao problema? Explique.

Tornando-se as mãos de Jesus

1. Tome emprestado os óculos de uma pessoa que tenha um problema agudo de visão. Coloque os óculos. Olhe para uma árvore, para uma flor, para o rosto de uma pessoa próxima a você. Agora olhe para esses mesmos objetos com a sua visão normal (com ou sem os seus próprios óculos). Qual foi a diferença? As coisas estavam distorcidas da primeira vez? Estavam nubladas? É muito mais fácil enxergar todos os detalhes quando se vê algo da maneira correta, não é? Quando vistas através dos perfeitos olhos de Deus, que contemplam todas as coisas, tudo o que nos acontece faz sentido!

2. Pense sobre os seus amigos, especialmente sobre amizades que se tornaram amargas. Essa pessoa o feriu ou o traiu de uma maneira que ainda lhe dói quando pensa a respeito? Peça ao Senhor que abrande o seu coração para perdoar a ele ou ela. Entregue o seu ressentimento a Deus e peça que Ele cure as suas feridas. Faça disso um motivo para orar por essa pessoa amiga, mencionando o seu nome, de maneira regular, e procure maneiras de dar início ao processo de restauração.

CAPÍTULO 11

Quando o Céu se Alegra

Um coração regozijante

Encontrando o coração de Jesus

1. Jesus está a par da "festa"!

    A. Como é essa festa? Você tem certeza de que vai participar? Como é que você sabe?

    B. O que Deus fez para garantir que você não perderá a festa? Quais as situações que Ele usou? Quais eram as pessoas envolvidas?

2. Jesus é quem fica mais feliz quando os perdidos são encontrados.

    A. Descreva uma ocasião em que você foi separado de seus pais, "perdido" em uma loja quando era criança. Como se sentiu no momento em que descobriu que estava só? Pânico? Medo?

B. O que você imagina que seus pais pensaram enquanto o procuravam? Houve alegria quando você foi encontrado? Em caso afirmativo, descreva.

C. Compare esse incidente com aquilo que Deus deve sentir quando um pecador se arrepende e vem ao lar, a Cristo.

3. Quando você chegar à "festa", será como Jesus. Todos os demais também o serão.

A. Qual dos aspectos do caráter de Jesus mais deseja para você mesmo?

B. Quais aspectos do caráter dEle você mais apreciaria nas outras pessoas?

C. Como é que você poderia amar essas pessoas agora mesmo, enquanto estamos todos nos preparando?

4. Jesus se regozija em que sejamos salvos do inferno.

A. Descreva o que sabe sobre o inferno. Você acredita que é um lugar real? Por que sim ou por que não? Leia algumas passagens das Escrituras que falem sobre isso.

B. De que maneira você se alegra por estar a caminho do céu? Você sempre agradece a Ele por não ir para o inferno? Explique.

5. Você é capaz de possuir a eterna visão de Deus a respeito do mundo.

A. A que coisas você é apegado e que se tornariam insignificantes quando passasse a ter a visão eterna de Deus sobre o mundo?

B. Se esse ponto de vista dominasse mais seu pensamento, como poderia gastar seu tempo de maneira diferente?

C. Quando tiver essa visão, o que acontecerá à sua percepção sobre as pessoas?

Sondando a mente de Jesus

1. Salmos são ótimas passagens para louvor. Leia o Salmo 96, prestando especial atenção aos versículos 1 e 2.

    A. O que significa "todos os moradores da terra" devem cantar? Por que "cântico novo"?

    B. Como e com que freqüência você louva a Deus por sua própria salvação? Como reage diante do testemunho de outras pessoas que foram salvas?

2. Leia as três parábolas de Jesus em Lucas 15.

    A. Muito tempo e esforço foi gasto procurando pela ovelha e pela dracma perdida. O que isso tem a dizer sobre o valor dos perdidos para seus donos?

    B. Vizinhos e amigos foram convidados e juntamente regozijaram-se quando os perdidos foram encontrados. Por que isso?

    C. O filho mais velho, na terceira história, ressentiu-se da festa oferecida a seu irmão pródigo; ele não considerava seu irmão digno daquela atenção. Você alguma vez já sentiu que alguém fosse "mau demais" para ser salvo, que ele ou ela não deveriam ser admitidos na "festa" que acontecerá no céu? Explique. Exceto pela graça de Deus, você mereceria ir?

3. Lucas 15.10 fala do valor de uma única pessoa para Deus.

   A. O que esse versículo deveria fazer com nossos sentimentos de inferioridade?

   B. Como esse versículo deveria influenciar o seu desejo de falar a outros a respeito da salvação que está disponível em Cristo? Ele produz esse efeito em você? Explique.

4. Em Mateus 22.13, o inferno é descrito como um lugar "de trevas exteriores", onde haverá "pranto e ranger de dentes", sem nenhuma saída.

   A. Se isso é verdade, então por que as pessoas falam de um modo tão suave sobre esse lugar?

   B. Você acha importante enfatizar os horrores do inferno às pessoas não crentes? Explique.

5. Em 2 Coríntios 5.11-16 está registrada a necessidade premente de falar a outros sobre o grande presente que é a salvação dada por Cristo.

   A. Trazer outros para a "festa" é o seu principal propósito na vida? Quantas pessoas você já apresentou a Cristo até o presente momento?

   B. Pense em alguém que você sabe que precisa do Senhor. Como você poderia ser usado para apresentar essa pessoa a Cristo? Está pedindo a Deus que lhe dê um novo coração cheio de amor por elas? Se não, por que não está pedindo?

Tornando-se as mãos de Jesus

1. Usando uma concordância ou outra ferramenta de estudo, pesquise as Escrituras e prepare uma lista de todas as bênçãos celestiais. Do outro lado da página, escreva todos os horrores do inferno. Então louve a Deus por tê-lo abençoado com as bênçãos escritas na primeira lista e resgatado sua vida do que está escrito na segunda.

2. Olhe as páginas de seu hinário favorito. Encontre as músicas que estão relacionadas ao céu. Cante uma agora mesmo!

CAPÍTULO 12

TERMINANDO FIRME

Um coração que resiste

Encontrando o coração de Jesus

1. Aprenda a ir até o fim nas coisas corretas.

   A. Quanto tempo você gasta em coisas não essenciais?

   B. Como você determina o que não é essencial?

2. Terminar com firmeza a carreira cristã demanda um esforço maciço.

A. No começo de seu relacionamento com Cristo, suas expectativas sobre a vida cristã eram diferentes da realidade que experimentou? Em caso afirmativo, explique.

B. Você acha que os cristãos às vezes pintam um quadro "cor-de-rosa" de como a vida é após a experiência da salvação? Descreva exemplos que venha à sua mente.

C. As pessoas diriam que você é um crente hoje mais forte do que ontem? Por que sim ou por que não?

D. Quais foram as suas primeiras alegrias como cristão? Quais foram as dificuldades?

3. Colocando o seu foco na recompensa que estava à sua frente, Jesus teve a força necessária para suportar a vergonha do mundo inteiro.

A. O que significa ter foco? Você é uma pessoa que mantém seu foco?

B. Que tipo de coisas entram com mais freqüência no caminho de um foco bem definido? Como você poderia lidar com essa situação de maneira mais eficaz? O que o impede de lidar com elas?

4. Jesus olhou além do horizonte, viu a mesa posta diante dEle e colocou o seu foco na festa.

A. Se pudesse ter a sua própria festa agora, o que estaria sobre a mesa? Quem seriam os convidados?

B. Como imagina que será a "festa celestial"?

Sondando a mente de Jesus

1. Gaste algum tempo ponderando sobre Efésios 1.15-23.

   A. No versículo 18, Paulo ora pedindo que os olhos de nossos corações (nossas mentes) sejam "iluminados". Por que você acha que ele diz isso? Que tipo de coisas têm estado bem diante de você que ainda não tenha visto?

   B. Descreva uma herança que tanto você, como alguém próximo a você, tenham recebido. Tente descrever algumas das "riquezas da glória" que serão a herança dos cristãos.

   C. Quanto da "sobreexcelente grandeza do seu poder" (v. 19) já experimentou? Descreva suas experiências. O que mais falta experimentar?

2. A carreira cristã é extensamente discutida em Hebreus 12.

   A. Por que Paulo chama a vida cristã de "carreira", ao invés de caminhada, exercício, ou alguma outra atividade?

   B. Que tipo de coisas o impedem de correr a carreira eficazmente? Você conhece alguém que abandonou a carreira? Se conhece, por que isso aconteceu?

   C. Como podemos alegremente continuar olhando na direção da linha de chegada? De que forma perdemos de vista o objetivo algumas vezes?

   D. Por que você está na carreira? Como poderia superar a tendência de parar, descansar e relaxar?

3. O quadragésimo dia da tentação de Jesus é descrito em Lucas 4.1-13.

   A. Jesus não comeu nada durante esse período de tentação e naturalmente teve muita fome. Quando você está sob desconforto físico, é mais difícil manter-se espiritualmente concentrado? Explique. O que faz para equilibrar-se?

   B. Cada vez que o diabo tentou aproximar-se de Jesus, Ele reagiu usando as Escrituras corretamente. Como esse exemplo pode ajudá-lo em suas lutas pessoais? Que estratégias você pode adotar?

   C. O diabo tentou desviar os olhos de Cristo de seu Pai a fim de colocar em dúvida o amor e o interesse que Cristo sabia existirem e estarem presentes. Como Satanás usa a mesma tática contra nós? Como podemos reagir? Como você respondeu no passado a tais ataques? O que aconteceu?

4. Leia a parábola dos talentos em Mateus 25.14-30.

   A. Que "talentos" específicos foram confiados a você? Nomeie-os.

   B. Você acha que o homem com cinco talentos teve maior responsabilidade do que aqueles com dois ou um? Por que sim ou por que não? Se você acredita que possui apenas um talento, já desejou que ao invés disso Deus tivesse lhe dado cinco talentos? Explique. Como está usando o talento que possui?

   C. Uma vez que o servo que recebeu um talento conhecia a maneira de ser de seu mestre e o que ele esperava como retorno, por que você acha que o servo negligenciou o seu dever? Nós também agimos da mesma maneira? Explique.

D. Compare as principais reações entre o servo que recebeu mais talentos e o que recebeu menos. Em qual dessas situações você se enquadra mais facilmente? Por quê?

E. Se você chegasse ao final de sua carreira como cristão neste exato momento, esperaria ouvir as palavras do Mestre, conforme registradas no versículo 23? Explique.

Tornando-se as mãos de Jesus

1. Se você estiver fisicamente capacitado, desafie-se a uma corrida a pé. Estabeleça um objetivo — digamos, a casa no final do quarteirão – e comece a correr. Quando ficar sem fôlego, persista. Quando sentir vontade de abandonar a corrida, não pare. Obrigue-se a concluir a corrida. Recompense a si mesmo quando chegar em casa — experimente algum tempo a sós com um bom livro. Então faça uma analogia entre o seu exercício físico e a corrida de que acabamos de falar. O que aprendeu?

2. Inventarie os projetos que o rodeiam, aquilo que absorve a maior parte de seu tempo. A quem ou o que trazem de benefício? O que aconteceria se descontinuasse o seu envolvimento com tais atividades? Escolha e filtre. Decida incluir apenas aquilo que o impulsione em direção aos seus objetivos.

Este livro foi impresso em 2024, pela CPAD, para a Thomas Nelson Brasil.
O papel do miolo é pólen 68g/m², e o da capa é supremo 250g/m².